序言

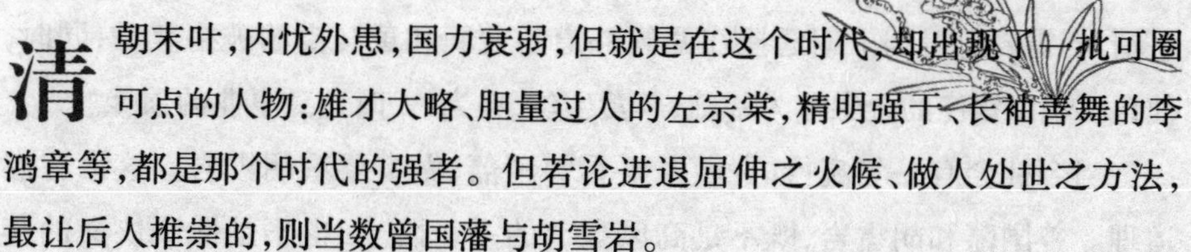

清朝末叶，内忧外患，国力衰弱，但就是在这个时代，却出现了一批可圈可点的人物：雄才大略、胆量过人的左宗棠，精明强干、长袖善舞的李鸿章等，都是那个时代的强者。但若论进退屈伸之火候、做人处世之方法，最让后人推崇的，则当数曾国藩与胡雪岩。

曾国藩，字伯函，号涤生，出生于湖南湘乡的一个地主家庭，祖上以耕读为业。道光十八年(1838 年)，27 岁的曾国藩考中进士，两年后入翰林院供检讨之职，官列从七品。自道光二十三年(1843 年)至道光二十九年(1849 年)，曾国藩不断升迁，分别做过吏、礼、兵、刑、工五个部的侍郎。这十几年间，曾国藩由一个耿介的农家子弟，逐渐熟悉了官场内幕，积累了丰厚的人脉资源。

曾国藩起家，从弃文从武、组织湘军开始。随着湘军势力的扩大，战功的增多，曾国藩的地位也逐渐上升。咸丰十年(1860 年)，曾国藩被授予兵部尚书之职，署理两江总督，不久又被任命为钦差大臣。次年，咸丰帝去世，两宫皇太后执掌朝政，任命曾国藩为两江总督，统管长江下游四省(江苏、安徽、江西、浙江)军政。镇压太平天国运动后，曾国藩加太子太傅衔，被封为一等毅勇侯，成为清朝开朝以来第一个被封侯的文臣。

历朝历代，如曾国藩一样位高权重的人有很多，却很少有人能逃过“飞鸟尽，良弓藏；敌国破，谋臣亡”的历史命运。但是曾国藩却在鼎盛之后仍然能够保身安命，并且一直保持举足轻重的影响力。即使他过世之后，在朝，有学生李鸿章继续推行他的路线；在家，则子弟们各有所成，曾氏家族人才辈出。做人到如此境界，已是一种艺术。

再看胡雪岩，他祖籍安徽绩溪，后因在杭州经商，寄居于杭州。他年幼丧父，十二三岁便进入钱庄当学徒，三年期满，开始干揽存款、放贷、收账之类"跑街"的差事。他为人"四海"，有头脑且有眼光，曾冒着血本无归的风险，私自挪用钱庄的五百两银子资助王有龄上京求官，后来，随着王有龄的发迹，胡雪岩完成了资本的原始积累，由一个小伙计走上了"官商"的道路。

后来，他因帮助清军购运军火，接济粮米，得到清廷大臣左宗棠的赏识，在左宗棠的大军西征之际，胡雪岩主持上海采运局，一手操办借洋债、筹粮饷、购军火等后勤事宜，在大清国库入不敷出的情况下，保障了前线的供给。边疆平靖，胡雪岩也得到了朝廷授江西候补道的官职和黄马褂的破格奖赏，同时，他自己也以钱庄的金融业为基础，兼营生丝、典当，一时达到事业的顶峰。

当今社会有一句流行语：做人要看曾国藩，做事要看胡雪岩。这话有点道理。曾国藩和胡雪岩，既不是高风亮节的圣贤隐士，也不是慷慨侠义的英雄豪杰，但他们做人处世的艺术，对我们有着更为切实的借鉴意义。

曾国藩是做人的高手，但他不是一开始就那么强，他也有偷安的时候，也有软弱的时候，也有因目中无人而四处碰壁的时候。善做人者，在于能够不断调试、不断历练，从而让自己日臻完善。胡雪岩是奇人，但他也依然会犯普通人的错误，也曾因被美色所迷而纵容了小人，也曾因刚愎自用而错失了良机。正因为一个人不可能百战百胜、算无遗策，所以我们才更有学习他人长处的必要，同时对于自己的得失也会看得更明白些。

在曾国藩和胡雪岩的年代里，历经清代道光、咸丰、同治、光绪四朝，适逢一个新旧交替、东方与西方相互碰撞的大变动时代。在这种复杂的环境里，一个人要站稳脚跟，既需要仁、智、信、勇等中国传统文化的沉淀，也要有翻云覆雨的机巧手腕。不管是曾国藩做官，还是胡雪岩为商，归根结底，其实还是做人。做人做好了，一切问题无不迎刃而解。

如果我们要在充满竞争的社会里掌握好自己的命运，学习前人为人处世的艺术，则曾国藩、胡雪岩两人的沉浮成败，实在是一本现成的历史教科书。

编著者

2014 年 8 月

为人·处世·经商·从政·管理

悟胡雪岩的睿智

【看一位儒商权谋机变的处世哲学】

品曾国藩的才智

【学一代枭雄名震天下的做人智慧】

郑建斌·编著

做明者，远见于未萌
做智者，避危于未形

中国纺织出版社

内 容 提 要

一位是出身于地主世家，依靠个人智慧白手起家的封疆大吏、晚清名臣；一位是平凡儒生，依靠处世谋略流芳百世的商界巨贾、红顶商人。曾国藩和胡雪岩的传奇经历很值得我们参考和借鉴。本书上篇从曾国藩的修身之道、养性之法、齐家准则、用人技巧、交际方略等方面入手，揭示他白手起家的玄机；下篇从胡雪岩善谋划、巧用势、妙起家、勤思考、精理财等方面分析，展现他富可敌国的秘籍。全书依托真实的、具有说服力和趣味性的历史案例，剖析他们为人处世的智慧，让读者有所领悟，砥砺自我，增长才智，成就圆满人生。

图书在版编目（CIP）数据

品曾国藩的才智　悟胡雪岩的睿智/郑建斌编著.—北京：中国纺织出版社，2015.1（2023.4重印）

ISBN 978-7-5180-0999-2

Ⅰ.①品…　Ⅱ.①郑…　Ⅲ.①曾国藩（1811～1872）—人生哲学②胡雪岩（1823～1885）—人生哲学　Ⅳ.①K827＝52②K825.3

中国版本图书馆 CIP 数据核字（2014）第 225180 号

责任编辑：闫　星　　　　责任印制：储志伟

中国纺织出版社出版发行

地址：北京百子湾东里 A407 号楼　邮政编码：100027

销售电话：010—67004422　传真：010—64168231

http://www.c-textilep.com

E-mail:faxing@c-textilep.com

中国纺织出版社天猫旗舰店官方微博

http://weibo.com/2119887771

永清县晔盛亚胶印有限公司印刷　各地新华书店经销

2015年1月第1版　2023年4月第3次印刷

开本：710×1000　1/16　印张：17

字数：235千字　定价：52.00元

目录

上篇 | 看曾国藩做人

下篇 | 看胡雪岩做事

上篇 看曾国藩做人

第一章
谨修身:完善自己,向圣贤学习

古之人修身以避名,今之人饰己以要誉。所以古人临大节而不夺,今人见小利而易守。

——曾国藩

“修身、齐家、治国、平天下”是我国古代正统知识分子最重要的人生信条,而“修身”则是一切行为的基点。试看古往今来那些成其大事的人,是否拥有绝高的起点和绝佳的天资并非关键,一个人如果能自强自立,修正缺点,弥补不足,长期坚持下来,自有金丹换骨,成其大器的日子。曾国藩由一个普通的农家子弟而成为“二百年来清代最有权势的汉人”,首先在于他对于自身坚持不懈的锻造。

志向高远，就有了强身之法

“修身”是一个艰苦、漫长的过程，所以唯有先树立一个远大的目标，使自己的心志坚定起来，才能不被身边的生活琐事所支配，如果长期在庸俗的气氛中过日子，慢慢就会成为一个平庸的人。

在晚清的官场上，曾国藩是一个特别的人物，他从“朝为田舍郎”到“暮登天子堂”再到一人之下，万人之上的封疆大吏，一步一个台阶，走得十分稳健。追寻他的成功之路，我们会发现，远大的抱负在支撑他的一生。

曾国藩的祖父曾玉屏，为人刚正不阿。在曾国藩的一生中，祖父对他的影响最大。曾玉屏治家极严，“男必耕读，女必纺织”，曾玉屏以早年失学引以为耻辱，便将希望寄托在儿子曾麟书身上，不惜重金访求名师，望子成龙。不料曾麟书天资平平，只好把希望寄托在孙子曾国藩身上了。曾国藩自幼聪明，其祖父管教甚为严厉，曾国藩常在睡梦中被叫醒读书，不到两岁，竟读完了五经，开始学习八股文了。曾国藩从小就在祖父和父亲的严厉教导下，从内心深处修炼自己，从各方面强化自己，成功地走出了他人生的第一步。

青年时代，曾国藩经常借诗文抒发自己的志趣，自比于陈平、诸葛亮等“布衣之相”，他十分自信地在诗中表示“一朝孤凤鸣云中，震断九州无凡响”，他相信自己终有一天，如同云中展翅翱翔的孤凤一样不鸣则已，一鸣则引来九州的震动。他决心以儒家“修身、齐家、治国、平天下”的思想为自己的基本人生信条，为维护纲常伦理和清王朝的统治而大显身手，实现其“匡时救世”的远大抱负。

当曾国藩的六弟参加科举考试失利后抱怨自己时运不济时，曾国藩开导他说：“君子立志，应有包融世间一切人和一切物的胸怀，有内以圣人适德为体、外以王者仁政为用的功业，然后才能对得起父母的生养，不愧为天地之间的一个完人。因此君子所忧虑的是德行不修炼，学问不精通。所以，当顽民得不到教化时，他们就深深忧虑；当蛮夷入侵中原时，他们就深深忧虑；当小人在位贤才受害时，他们就深深忧虑；当天下百姓得不到自己的恩泽时，他们就深深忧虑；这真是所谓悲天悯人啊！所有这一切才是君子所要忧虑的，至于一己之屈伸，一家之饥饱，世俗之荣辱、贵贱和毁誉，君子从来就无暇顾及。六弟小试受挫，就抱怨命运不济，我私下忍不住要笑你气度太小，志向不高远了！”

人生于世，不能庸庸碌碌、无所作为地过一辈子，而要有所成就，就需要不断地磨砺自己，逐渐提高自己的修养境界。只是所谓“修身”，是一个艰苦、漫长的过程，而人的天性是喜欢放松和逸乐的，所以唯有先树立一个远大的目标，使自己的心志坚定起来。如果意志不坚强，心胸不开阔，整天忙于身边的生活琐事，受个人感情的支配和束缚，长期在庸俗的气氛中过日子，那就会成为一个平庸的人。

心存大志，放眼天下，能使人在做人、做事中比常人具备更多的主动性、紧迫感，有了这种意识，才能够经常地将自己的行为与目标进行对照，从而校正人生的方向，矢志不渝地向前走。

对于这一点，曾国藩有切身的感受，他曾经自省道：自去年（1852 年）12 月以来，我常常忧心忡忡，不能自持，若有所失，到今年正月还是如此。我想这大概是志向不能树立时，人就容易放松潦倒，心中没有一定努力的方向使然。没有一定的方向就不能保持宁静，不能宁静就不能心安，其根源在于没有树立志向啊！另外我又有鄙陋之见，检点小事，不能容忍小的不满，所以一点点小事，就会踌躇一晚上；有一件事不顺心，就会整天坐着不起来，这就是我忧心忡忡的原因啊。志向没有树立，见识又短浅，想求得心灵的安定，就不那么容易做得到了。现在已是正月了，这些天来，我常常夜不能寐，辗转反侧，思绪万千。全是鄙夫之见。在应酬时我往往在小处计较，小计较引起小不快，又没有时间加以调理，久而久之，就是引盗入室啊！

看远之所以重要，是因为没有远见必犯错误，看远，既是目标，也是过程，更是境界。目标牵引成长，过程充盈人生，一个被眼前美景所吸引的人，难睹山外之山；一个被蝇头小利所困扰的人，难睹天外之天。这种人，往往在自我陶醉、自我满足和自我放纵中自毁前程。只有困知勉行，立志自拔于流俗，才能成就一番大业。志向高远的人也可能会失败，但志向短小的人则注定不会有所作为。

对于我们这些常常在生活小事中患得患失、迷失方向的后人，曾国藩的一个座右铭值得我们谨记：不为圣贤，便为禽兽；不问收获，只问耕耘。

做人要有一股倔强之气

要想成就一番事业，一定会遇到各种各样的障碍。如果过于柔弱，必会知难而退，这样定然一事无成。要冲破这些障碍，就要靠一股敢于排除万难的精神。曾国藩以一介书生的身份出将入相，靠的正是这种强毅果敢的精神。

在曾国藩的一生里，反复的波折、困苦的磨难时时都在，而他全凭一股一往无前的毅力，才换来后来的柳暗花明。

后世曾国藩的研究者普遍认为，曾国藩在品德、事业、学问上的成就，在于他品性的强毅和谦谨。即使碰到最艰苦的境地，他也丝毫不动摇自己的信念。

人要想成就一番事业，一定会遇到各种各样的障碍。如果过于柔弱，必会知难而退，这样定然一事无成。要冲破这些障碍，就要靠一股敢于排除万难的精神。曾国藩所处的时代，正是中国历史上千年未遇的大转折时代，要达到自己救国安民、实现天下大治的目的，困难很大，需要牺牲的东西也很多。曾国藩以书生身份成为名将，成就封建时代知识分子的最高目标，这种“强毅”的精神正是其中的秘诀。他虽然是一个文弱书生，却没有把自己打造成一个懦弱不堪的书呆子，也没有把自己混同为封建官场中奴颜媚骨、左右逢源的掮客。这一切，都取决于他的人生取向和人格设计。

曾国藩在给友人郭嵩焘的诗中说：“至情宜倔强，吾道有藩篱。”在另一

首诗中又说:“丈夫守身要倔强,虽有艰厄无愁猜。”这里所说的倔强与那种固执己见的牛脾气完全不同,曾国藩对此进行了细致的解释,即为不辞劳苦,不畏艰难。这就是强制自己事事勤劳,敢于迎难而上,持之以恒。

“倔强”成就了曾国藩的一生和功业,也成为他秉持一生和修身、励志的圣经。他曾在训导子弟的家书中谈道:“至于倔强二字,却不可少。功业文章,皆须有此二字灌注其中,否则柔靡不能成一事。孟子所谓至刚,孔子所谓贞固,皆从倔强二字做出。……若能去忿欲以养体,存倔强以励志,则日进无疆矣。”

无论多大的功业,都是凭着一股倔强之气闯出来的,如果我们也有这种精神,则离日进千里的境界不远了。其实人生中很少有解决不了的难题,再困难的障碍也阻挡不了一个有决心、有计划有心智、并且有足够的弹性来对抗情况变化的人。许多失败,其实如果肯再多坚持一分钟,或再多付出一点努力,是可以转化为成功的,成功会带来不断的成功,失败亦会接连不断。

在我们生活的任何领域,遇到困境时要想走出低谷,就必须有保持这种强毅的精神。遇事要冷静,才能正视问题,解决问题,这才是成功之道。佛祖释迦牟尼宣讲佛法时说,人不只是要养成一种真正吃苦的习惯,还要有永不言败的精神,要把它当作是一种修行。

勤谨自律，严格限制人的自然欲望

“劳则善心生，逸则淫心生”。我们要完善自己的人格，趋于人生的理想境界，首先要经受得住外在艰苦环境的考验，锻炼自己的形体和意志。

人的一生，应该是一个自我修正的过程，应努力提高自己的品德修养，使自己的言行合乎社会的道德规范。如此，可以使弱者变强，使强者更为强大。一个人要成就一番事业，是否拥有绝高的起点和绝顶的天资并非关键，而在于他对自己是抓得紧还是放得松。

曾国藩到京师的最初几年，并没有什么特别之处。曾国藩留在翰林院后，每天应酬特别多，这并不是他官做大了，应酬必不可少，相反倒是“没事找事”，消磨时光。曾国藩早期的日记每天都在“检讨”，但他每天都会故伎重演。显然这种品性，若不能自察自改，是无益于自己的目标，不能成就大事的。作为翰林院的官员，读书养望、切磋交往是本职工作，本无可厚非，但每天如此打发日子，终究养不成经世的韬略。虽然他决心一再下，行动却依然如故。

后来随着年龄的增长，他常常深刻地反省自己，为了能他日有所作为，他开始严格限制自己沉溺逸乐的自然欲望。曾国藩认为，人的私欲、情欲一旦膨胀就难以收拾，终会妨碍大事业。

某种角度上说立志并不难，难的是时时刻刻按照自己的志向去踏实苦干，要耐困苦，耐空寂，还得耐辛酸，耐污辱。勤恳地践履自己的志向。曾国

藩具有深深的忧患意识，时刻感受到危机和紧迫感。这使他在做人做事中比常人更多地具备主动性、紧迫感和自觉性。有了这种意识，才能够经常地将自己的行为与目标进行对照，从而校正人生的方向，矢志不渝地走向前方，为将来的成功打下坚实的基础。

曾国藩有一种常人不具有的自强不息的精神，他给自己规定“不晏起，不诳言”的简单明了的戒规。这是一个自强不息和有作为的读书人必须具备的起码要求。他坚持读书，总是把“修己”作为成就事业的前提。他对自己要求十分严格，不管公事有多忙，都坚持每天记日记，还规定自己每天看点史书、写作、习字，持之以恒，一直到死都没有改变。也正是这种恒久的精神成就了他的事业。在私生活上，曾国藩也对自己要求甚严，他不近女色，不嗜烟酒，不奢侈，不铺张，不敬鬼神，不信医巫，保持传统士子和乡村地主的持家本色。他后来位极人臣，但生活作风仍严格自律，这是他不同于同时代的封建士大夫的地方，也是他精神品格上的突出之处。

曾国藩做事总是有始有终，他有强大的自制力，并能坚持不懈，一往无前，经过一生的苦练，具有强大的“内功”，这是任何人都无法战胜的。也正是他的严格有恒，使他拥有了辉煌的人生，最终成为一代“中庸名臣”。

要实现自己的人生价值和人格理想，不是一蹴而就的事情，必须经过一番艰辛的磨炼过程。我们要完善自己的人格，趋于人生的理想境界，首先要经受得住外在艰苦环境的考验，锻炼自己的形体和意志。

曾国藩根据自己的亲身体验，验证了“劳则善心生，逸则淫心生”的道理，也给后人留下了宝贵的做人经验。

从生理学上讲，如果贪图安逸，肢体不经常活动，其柔韧性、抵抗力都会大大降低，一旦有病菌侵入，就很容易生病。勤劳则在做事的同时，也锻炼了身体，如果适度，实际上是一举两得。

从心理学上讲，一个人的勤谨自律，不但锻炼了意志、毅力，而且在劳作的时候，集中精力乐在其中，反而会觉得很愉快，所以曾国藩称“勤”是生动之气，而“惰”则是衰退之气。如果贪图安逸，说明此人没有远大理想，没有为实现理想而努力的意志，实则百无聊赖，心灵空虚，并无快乐可言。

历史上凡是取得杰出成就的人，最初大都处于极其艰苦的环境中，但他们始终能发愤图强、从不妄自菲薄，坚持在艰苦的环境中锻炼自己，使自己具有强健的体魄、坚忍的毅力、不屈不挠的意志以及过人的胆略和智慧。这些生理与心理、体力与智力方面的素质为他们日后在政治舞台上大显身手、大展宏图奠定了坚实的基础。

做人要敦厚，小聪明成不了大事业

当我们面临一件有关全局必须要办好的大事时，若是糊里糊涂，很容易造成大失误，所以要精明为之，踏踏实实。与之相反，那些生活中的细琐事情，可以以糊涂之法待之，不必斤斤计较，死缠不放。

可以这样说，所谓修身，就是自己对自己的锻造。自强自立，修正缺点，弥补不足，长期坚持下来，自有金丹换骨、成其大器的日子。如果只是有了一点点光芒，就迫不及待地炫耀，表现出来的只是一种小聪明，离建功立业、自我实现的目标反而会越来越远。

有一则关于曾国藩的小故事，相信可以给我们一些启示。

曾国藩是中国历史上最有影响的人物之一，然而他小时候的天赋并不高。有一天他在家读书，有一篇文章不知道重复多少遍了，可他还没有背下来。这时候家里来了一个贼，潜伏在他的屋檐下，希望等他入睡之后捞点好处。可是等啊等，就是不见他睡觉，还是翻来覆去地读那篇文章。贼人大怒，跳出来说："这种水平读什么书！"然后将那文章背诵了一遍，扬长而去！

这个贱是很聪明，至少比曾国藩要聪明，但是他只能成为贼，而曾国藩却成为大清王朝的一代名臣。

人生在世，各有所长，关键是你怎么去经营自己的长处。曾国藩的长处在于齐家治国，进退之时，俯仰之间，都超人一等，所以曾氏历六世而不衰。也许他在力量上不如一个普通士兵，记忆力还不如一个偶然路过的小贼，但这对于他一生的大功业来说，统统不足挂齿。种种小聪明最终只能是昙花一现，在一些特定的环境中，甚至还会误人害己。

东汉建安二十四年(219 年)，刘备进军定军山(今陕西省汉中市勉县城南)，他的大将黄忠杀死了曹操的大将夏侯渊，曹操亲自率军到汉中和刘备决战，但战事不利，前进他害怕打败仗，撤退又怕被人耻笑。一天晚上，护军来请示夜间的口令，曹操正在喝鸡汤，就顺便说了“鸡肋”，主簿杨修听到以后，居然不等上级命令，就叫随从军士收拾行装，准备撤退。有人问他有何依据，他竟说，魏王传下的口令是“鸡肋”，可鸡肋这玩意儿弃之可惜，食之无味，正和我们现在的处境一样，进不能胜，退恐人笑，久驻无益，不如早归，所以才先准备起来，免得临时慌乱。曹操知道后，大怒道：“匹夫怎敢造谣乱我军心！”于是喝令刀斧手，把杨修推出斩首，并把他的首级悬挂在辕门之外，引以为戒。

做人精明露骨，实则是一种小聪明，只能惹人厌弃。当年曾国藩经过社会的历练之后，更是对这种人生经验深有感悟。

曾国藩和弟弟曾国荃初入官场时，心怀大志，以扫除天下为己任，喜欢指点江山、议论时事。这种作风自然有人看不顺眼，曾氏兄弟由此遭到一些孤立与打击，吃了些苦头。曾国藩的身边有一个叫李续宾的友人，虽然也有一肚子的不满，但他却一味含蓄，并不显露，所以李续宾能悠然自得、安然无恙。曾国藩于是提醒曾国荃道：“过于精明强干终究不是载福之道，很可能会给我们带来灾难。”于是他们收拢羽毛，保持低调，终于等来一飞冲天的日子。

我们身边经常有这样一些人，好像天底下只有他最精明，最会玩弄心术，结果到头来机关算尽，聪明反被聪明误。还有一些人，总在鸡毛蒜皮的小事上精明，东家长西家短，说起话来头头是道，可是一遇大事，就不知所措

了。正如左宗棠所说:“凡小事精明者,必误大事。”

做人不要过于精明,太精明露骨反而会遭人讨厌。因为人与人情感的沟通和交流是心的交流,如果做人过于精明露骨,就不能在交际方面获得人心。对他人,不必太精明;对朋友,傻点更好。交际中的精明容易把该淳朴真挚的关系,人为地复杂化,使人敬而远之。这样精明的结果,只能使自己成为孤家寡人。

总之,浑厚与精明的关系非常微妙,要在不同场合用之。要办好一件有关全局的大事时,是要精明为之,踏踏实实。与之相反,那些生活中的细琐事情,可以糊涂待之,不必斤斤计较,死缠不放。做人一定不能在真正聪明的人面前摆弄小聪明,否则就会令人生厌,不仅给自己前进的道路设了障碍,更主要的是极容易把自己逼上绝路。

历经磨砺方能成大事

人不怕痛苦，只怕丢掉刚强，也不怕磨难只怕失去希望。痛苦和磨难是人生宝贵的财富，生活中没有阻力，人的价值就体现不出来，旅途上没有艰险，人生就没有滋味。

一位哲人说：人生是一场战斗。人活在世上，好的开始是成功的一半，但要获得成功，贵在坚持到底。“行百里者半九十”，如果不坚持到终点，就会失去差不多全部的意义。在人生的战斗中，总是与坎坷相伴，追求也常有痛苦相随。强者认定一个目标，义无反顾，追求到底，所以，他们能够不断感受新的人生境界，欣赏到新的人生风景。坚持意味着忍耐。人的一生充满了大大小小的障碍，人生就是一场与种种困难的斗争，一场无尽无休的拉锯战。

做人做事要有忍耐力、意志力。孟子有“天将降大任于斯人也，必先苦其心志，劳其筋骨，饿其体肤，空乏其身，行拂乱其所为，所以动心忍性，增益其所不能”的议论。曾国藩认为，忍受住逆境的煎熬，方能成大事。只有大无畏的人，才能不为环境所迫，愈加奋勇，意志坚定，敢于面对任何困难，轻视任何厄运和逆境，因为眼前的种种困苦不足以损他毫厘，反而却能增强他的意志和力量，还有高尚的品格，使他成为了不起的人物。

有一个小男孩，他很小就失去了母亲，他的父亲是一个伐木工，贫寒的家境使他没有机会接受高等教育。在很长的时间里，他唯一的老师就是继母送给他的一本《圣经》。他成年后的生活也充满不幸的阴影，他心爱的姑娘早早夭亡，后来他虽然结了婚，但他的妻子却成了他“身上的一根刺”，他的婚姻非常不幸福。他去经商，一败涂地，要花 20 年的时间才能把债务还清；他去从政，第一次竞选就以惨败告终，接下来的第二次、第三次结果也好不到哪儿去。可以说命运给他的是一连串的苦难。但他顽强地从苦难中学习着生活的真知。早年的不幸让他拥有了仁爱；从商从政的失败让他学会了如何面对挫折；生活中的麻烦使他变得胸怀博大。这些了不起的品质让他在饱经挫折、备尝失败之后，终于取得了成功。他成为美国历史上一位伟大的总统。他的失败成就了他的胜利，他的名字叫林肯。

人不怕痛苦，就怕丢掉刚强，也不怕磨难只怕失去希望。追求生活的圆满是人生的良好愿望，然而生活中总有很多不如意的事情。你有满意的爱人和美满的家庭，但事业不一定顺利；你在事业上大有可为，可有时却会失去家庭的温馨；你有平稳的家庭生活，不一定懂得爱；你有爱，但并非拥有幸福。痛苦和磨难是人生宝贵的财富，生活中没有阻力，人的价值就体现不出来，旅途上没有艰险，人生就没有滋味。只有把每次经历的风雨，都当成人生的一个必选课题，那么每征服一个难题，你便增加一分生活的勇气，把众多的难题累加起来，成功将属于你。

读书可以改变人生

读书可以改变人生，可以使人终身受益。书籍包罗万象，里面有人们最有用的经验和最惨痛的教训，堪称我们每一个人的良师益友。

古往今来，看无数英雄，凡成大器者必爱读书。只要坚持读书，时日一久，则功效自现。读书可以使人清洗愚昧，增强能力，开阔眼界。要治理国家就更需要读书，古代有许多帝王将相，都把读书作为立国之本，治世之基。

曾国藩从举人通过礼部会试得中进士，接着复试、殿试、朝考，成绩甚为优异，被咸丰皇帝授为翰林院庶吉士，基本实现了旧时代读书人应科举、点翰林的最高理想。居京10年，曾国藩分别做过吏、礼、兵、刑、工五个部的侍郎。一般人到了这个地位，已不必花太多功夫在读书上，认为读书差不多已达到了目的，只需走走门路，拉拉关系，顶多做做诗赋日课，便可坐等升迁了。但曾国藩秉性淳厚，严于律己，毫无钻营取巧习气，他从未停止过读书进取，数十年如一日坚持不懈地钻研理学典籍及文史精华，融会古文训诂，进德修业，为后来做成一番轰轰烈烈的事业打下了坚实的知识基础。

曾国藩从道光十九年(1839年)开始做诗文钞，并且开始写日记，后来基本没有间断过。从咸丰八年(1858年)六月起，更是不曾中断过一天。行军、生病的时候，也照记不误，直到去世的前一天为止。曾国藩虽然通过了科举考试，并且做了高官，却始终坚持读书治学，严格要求自己，并根据所学结合实际，不断提高自身修养。在不断反思中完善自己，持之以恒，最终取得了

辉煌的人生。

在旧中国读书就是为了做官,这是长期以来来中国旧时读书人走的路。这样读书和实际的政治理想紧密相连,造就了中国文化的极大丰富。那些在历史上留下了名字的伟人们,无不善于从书本中汲取营养。

孙中山的嗜好,除了革命之外,只有读书,他说:“我一天不读书,便不能生活。”孙中山的手里,经常拿着书,不论政治、经济、历史、地理、自然科学、文学、哲学和各种书刊,他都喜欢阅读。孙中山读书时,经常写札记,即使再忙书本上也写眉批。陈炯明炮击总统府后,他的书籍几乎全部毁于炮火,也有少量散失。一位收藏过孙中山的书籍的人说,他有一册孙中山读过的《大学》,书头上有不少孙中山的亲笔批注。

孙中山流亡英国伦敦的时候,生活十分困难。但他还是用仅有的一些钱来买书。有卢梭的《社会契约论》、《富兰克林自传》、《拜伦诗选》,还有许多关于英国资产阶级革命和法国资产阶级革命的书籍。

正是这种爱读书,终身读书和广泛涉猎的好习惯,才使孙中山成为一名伟大的革命家。

读书改变人生,可以使每个人终身受益。书的力量是无穷的,中国文化的奠基人孔子说过,“吾十有五而志于学,三十而立,四十而不惑,五十而知天命,六十而耳顺,七十而从心所欲,不逾矩”。这说明他后来的成就基于15岁时的立志于学习。在谈到学习对人生的重要性时,孔子说如果一个人爱仁德而不爱学习,那他肯定会被愚昧所蒙蔽;如果一个人爱好信实但却不爱学习,那他将被戕害所蒙蔽;如果一个人爱好直率而不爱学习,那么他将会被偏激所蒙蔽;如果一个人爱好勇敢而不爱好学习,那他可能被祸乱所蒙蔽;如果一个人爱好刚强而不喜爱读书,那他可能将被狂妄所蒙蔽。对于我们的人生修养来说,书籍包罗万象,里面有人们最有用的经验和最惨痛的教训，堪称我们每一个人的良师益友。

“黄金屋”、“颜如玉”，金钱和美女，事业和爱情，人生中一切美好的东西，只有高素质的人才能得到，那么我们不如先沉下心来，从学习中去寻找答案。

慎独而为，小节也不能马虎

所谓“慎独”，是指一个有道德的人在独自一人、无人监督时，也总是小心谨慎，不做任何让自己的人格减分的事。这样，好的言行举止就能成为自然的习惯，从而在关键时刻，做出优异的表现。

古代的贤人修身求成，对自己要求是非常严格的，他们不但注重志向、道德、意志等大方面，在生活习惯、言行举止的小节上，对自己也决不放松。

不要以为这些只是无关紧要的琐细之事，现代行为科学研究表明：一个人一天的行为中大约只有5%是属于非习惯性的，而剩下的95%的行为都是习惯性的。习惯经过我们反复的行为，会不知不觉变作我们本能的一部分，在特定的情况下，甚至会决定我们的成败。

清廷派驻台湾的总督刘铭传，是建设台湾的大功臣，台湾的第一条铁路便是他督促修建的。

刘铭传被任用，还有一则发人深省的小故事：

李鸿章将刘铭传推荐给曾国藩时，还一起推荐了另外两个书生。曾国藩为了测验他们三人中，谁的品格最好，便故意约他们在某个时间到曾府去面谈。可是到了约定的时刻，曾国藩却故意不出面，让他们在客厅中等候，暗中却仔细观察他们的态度。只见其他两位都显得很不耐烦，不停地抱怨；只有刘铭传一个人安安静静、心平气和地欣赏墙上的字画。后来曾国藩考问他们客厅中的字画，只有刘铭传一人答得出来。

世上的人千千万万，每个人都有着不同的出身经历，不同的性格特点，表现出来的风格也不一样。但是有一个普遍的准则，就是一个人无论如何掩藏自己的不足之处，他不经意间的举止，依然会明明白白地勾画出他的品行实力。

曾国藩在识人时，眼光毒、看得细，同时，他也严格要求自己，一举一动，都合乎于封建知识分子的规矩。

在古代，“慎独”是流行的内圣修养方法。《礼记·中庸》说：“道也者，不可须臾离也，可离非道也。是故君子戒慎乎其所不睹，恐惧乎其所不闻。莫见乎隐，莫显乎微，故君子慎其独也。”意思是说，内圣的道德原则是一时一刻也不能离开的，要时刻检点自己的行为，警惕是否有什么不妥的言行而自己没有看到，害怕别人对自己有什么意见而自己没有听到。因此，一个有道德的人在独自一人、无人监督时，也总是小心谨慎地不做任何不道德的事。

为达“内圣”的最佳境界，曾国藩在慎独方面着实下了一番苦功，他的“修法十二课”，在今天依然有其现实的意义。

1. 持身敬肃

衣冠外貌保持整齐，心思神情端正严肃，时时刻刻都要警惕、检查自己的念头、举止中有无背离义理之处。平日闲居无事的时候宁静安泰，保养德性，一旦投于事务之中则专心致志，不存杂念，精神状态清澈明朗，就如同旭日东升，光彩照人。

2. 静坐养性

每天不限什么时候，要拿出一定时间用来静坐养性，反省体悟自己天性中隐现的仁义之心。正襟危坐，凝然镇定，如同宝鼎一般沉稳。

3. 早早起床

天色初亮就赶紧起身，睡醒了就不要再恋床。

4. 读书专一

一本书没有读完时，不要再看其他书籍。东翻西阅随意读书，对自己的道德学问毫无益处。

5. 阅读史书

丙申年（1836年），曾国藩购置了一套《二十三史》，自此以后，他每天都仔细读上10页。

6. 说话谨慎

不虚言，不妄言，不说超越自己本分的话。

7. 保养真气

真气存蓄于丹田之中，彻里彻外光明正大，所作所为毫无羞于对人说之处。

8. 爱护身体

“节制操劳，节制欲求，节制饮食”。时刻以此作为健体祛病的准则。

9. 每天都应获知新学问

每天读书时将自己的心得记录下来。

10. 每月不可荒疏旧技能

每月写作几篇诗文，以此检验自己积存义理的多少。

11. 写字

饭后写半时辰的字。所有文字方面的交际应酬，都可以作为练习写字的机会。凡事不可留待第二天去做，事情越积越多，就越难清理。

12. 夜晚不出屋门

这使人耽搁正事，精神疲惫，务必戒除。

以上12条，看起来都是生活小事，实则却是从一言一行中对自己的锻造。好的习惯一旦养成，就会成为一个人终生的财富。钢琴家用不着决定该触哪一个琴键，舞蹈家用不着决定脚往什么地方移，他们的反应是自动的，不假思索的。同样，普通人在日常行为中下意识的反应，也代表着他的基本素质。

俄国教育家乌申斯基说："良好的习惯乃是人在神经系统中存放的道德资本，这个资本不断地增值，而人在其整个一生中就享受着它的利息。"对于命运，人人都有很多无奈，都怨恨自身的资质条件不好，却从没想过要从习惯去塑造品格，以品格推动命运。

第二章

重养性:心气平和,沉住气才能成大器

先静之,再思之,五六分把握即做之。

——曾国藩

人大都有一段少年轻狂的时光,满不在乎地指点江山、批评人事,大有天下舍我其谁的感觉。这种心高气盛的表现,多是阅历和修养不到位的原因,唯有曾国藩的“静”字诀可以调理。遇事心平气和,则头脑清醒,就不会做出蠢事儿、错事儿、没来由的事儿,从而真正地“精明”和“高明”起来。

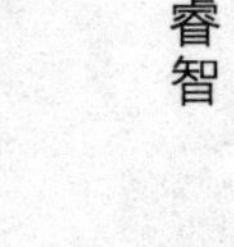

事业上的进境从不自满开始

谦虚不但是做人的美德，也是干事业、做学问必须恪守的一条原则。谦虚的实质，是学习别人的长处来丰富自己，进而丰富自己的个性和风格，创建自己的思想体系。

曾国藩崛起于乱世之中，仅仅不到10年时间，便从一个默默无闻的守闲官，飞跃至名高位重的封疆大吏。其发迹的原因，除了时势造英雄外，最主要的是靠他的智谋和修身之法。用他自己说过的一句话来概括就是："谦以自持，严以驭下，则名位悠矣。"

人们所称道的谦虚不但是做人的美德，也是干事业、做学问必须恪守的一条原则。但谦虚不是照搬人家的成功经验，更不是对别人言听计从，没有自己的主见，而是学习别人的长处来丰富自己，进而丰富自己的个性和风格，创建自己的思想体系。

谦虚是一种以退为进的人生谋略。曾国藩认为，天下之大，非人的才力可以掌握。他曾打过一个比喻：一个人埋头看书，即使每天不吃、不睡、不玩，而且坚持看到100岁，在一般人眼里可能算是博览群书，知识渊博了。但是中国的古籍实在是浩如烟海，无穷无尽。一个人所看过的书，与整个史籍相比，只能为九牛之一毛、大海之一粟。再如，就中国而言，地大物博，从阅历上讲，没有人能踏遍中国的每一寸土地，即使徐霞客复生也不行。所以，曾国藩总结出一句话："天下无穷进境，多自以'不足'二字做起。"

要有所成就，就要摆正自己的位置。不能骄傲自满，也不能鄙视他人，对自己的短处和不足有清醒的认识，虚心向他人学习，不断充实完善自己。

在仕途上，曾国藩年少时比较轻狂，经常清议时政，一度遭到某些官员的反对。吃一堑，长一智，经历过挫折之后才会痛改前非，奋发图强。这种变化在他初率湘军入长沙时体现得较为明显。在那里，他与长沙城绿营将领发生冲突，在个别人的挑唆下，绿营兵大闹曾国藩当时下榻的团练大臣府，使他差一点连性命都丢掉了。从此以后，曾国藩总结了经验教训，主动谦和地与当地官员交好，并在绿营中扶植力量，终于在当地站稳了脚跟。

曾国藩将“谦”字作为立身之本，古往今来有许多名臣，也都在一个“谦”字中受益良多。

汉代冯异自幼好学，熟读《左氏春秋》《孙子兵法》等书，归附刘秀的起义军之后，很快就崭露头角。

冯异既有统率正规部队和治理郡县的才能与素养，又具备良好的品格作风。首先，他为人谦逊，在路上与其他将军邂逅时，他总是先引车让路。其次，他率领的队伍整齐，进止皆有规矩，成为刘秀全军的模范。特别在每次战役结束后，部队要驻扎休整，将军们大多围坐争功论赏，独有冯异从不居功自傲，总是只身一人坐在大树下默默思考战斗的经验教训。久而久之，人们因为他这种与众不同的作风，都称呼他“大树将军”。当他们攻破邯郸后，刘秀准备把收集的散卒分配给诸将，结果，兵士们都踊跃地报名，自愿归“大树将军”麾下。这种士卒们自发的爱戴之心，不仅使刘秀十分器重冯异，而且使“大树将军”这个称呼迅速在全军中传播开来。他们认为“大树将军”不但不居功自傲，而且还把功劳归予众将士，所以获得了将士们的亲附。

不骄傲，不自满，谦虚使人进步。在现实生活中，有的人才思过人，能力很强，但一说话就给人一种趾高气扬的感觉，总喜欢表现自己，总想让别人知道自己的能力,处处想显示自己的优越感,期望能获得他人的敬佩和认可,可结果却往往适得其反,失掉了自己的威信。别人也很难接受这种人的任何观点和建议。尤其是对于那些刚刚走上一个陌生岗位的人,不应处处炫耀自己,而应当谦虚地从他人身上学习对你有益的东西,当你默默无闻的时候,你会因一点成绩而一鸣惊人,同时也增加了你的人气,这就是深藏不露的好处。

有一点值得我们注意的是,"谦"字也不可用过了。当年刘长佑是湘军大将,战功卓著,但他对曾国藩极为尊敬,写信必自称"晚生"。曾国藩说他过谦近伪,并开玩笑说广西盛产三七,可送三七二斤,捐免"晚生"二字。他本是说笑,不料刘长佑真寄来一大包三七,不过却没有撤掉这两个字。

对待不同的人,也有不同的要求。如对待上级,有时需表现得谦虚一些,一则给上级以应有的尊敬,可以得到信任;二则说明你对自己的位置有清醒的认识,更能认真对待本职工作。对待同事,在平等的基础上显出谦逊的姿态,有利于缓和关系,化解矛盾。对待下属,一定的谦虚是必要的,特别是在下属提出要求或建议时,保持宽大胸怀,谦逊地聆听,是取信于下的好方法。在社交场合,谦虚是一种礼节,自然也不可少。但所有这些,都有一个大前提,那就是自尊。谦本来是要尊重他人而最终目的是要使自己也获得他人的尊重。因此,自尊是谦虚的基本前提。如果太过谦虚,甚至于卑躬屈膝,不仅不会获得别人的尊重,反而会适得其反。谦虚表现得太过,会引起别人的误会,所以一定要注意分寸。

处世以耐烦为第一要义

无论做官还是做人，修身养性都是必需的。要训练自己处事不烦，不急不躁，无怨，清醒。头脑清醒才能保持安静，保持安静才能做出正确的决断。

几乎没有人不羡慕好的性情，好的修养，但是改正错误容易，改变个性却很难，所谓"江山易改，本性难移"。但是我们要知道，人们的种种紧张、怨怼、浮躁之气，会影响一个人的心情和思路，对人生和事业非常有害，一定要有意识地加以控制。完全改变自己天生的性情很难，但我们可以改善它。

道光二十二年，曾国藩立志自新，但浮躁成了他的大敌。他在日记中写道："数日心沾滞于诗，总由心不静故。不专一，当力主一之法。诚能主一，养得心静气恬，到天机活泼之时，即作诗亦自无妨。我今尚未也，徒以浮躁之故，故一日之间，情志屡迁耳。"因为浮躁，情绪反复无常，立志也不能坚守，总是屡立屡破。越是如此，越是浮躁。许多人神经衰弱，也多是由此而起。后来经过唐鉴的指导，曾国藩认识到了"静"字的作用，他在十月初八的日记中写道："平生只为不静，断送了几十年光阴。立志自新以来，又已月余，尚浮躁如此耶！"反思的结果是，以前三十多年之所以不能有大的成就，都是心太浮躁所致，因此必须以"静"字来加以纠正。

此处的"静"字，可以解释为"冷静"。冷静其实主要是对情绪而言，要求人们在面对困难时不紧张，面对烦恼时不焦躁，能够保持心平气和，从而在待人处事上掌握主动。头脑冷静的人，往往是见识广、阅历深的人。这样的人经历了很多磨难，有丰富的经验教训，深知世事的复杂，因此办事时从不头脑发热，而是经过深思熟虑后才下决断。这种人是由“明”生“静”，因为聪明、精明、高明而变得冷静。

明朝正统年间，赵豫任松江知府。他对老百姓嘘寒问暖，关怀备至，深得松江老百姓的爱戴。

赵豫处理日常事务，有他自己的一套工作方式。每次他见到来打官司的，如果不是很急的事，他总是慢条斯理地说：“各位消消气，明日再来吧。”起先，大家对他的这套工作方法不以为然，甚至还暗地里编了一句“松江知府明日来”的顺口溜来讽刺他。这句顺口溜慢慢地在老百姓中间流传开来，老百姓见到他都叫他“明日来”。听到这个绰号，赵豫总是和蔼地笑笑，从不责备叫他绰号的人。

赵豫曾对人说起过“明日再来”的好处：“有很多人来官府打官司，都是乘着一时的忿激情绪，而经过冷静思考后，或者别人对他们加以劝解后，气也就消了。气消而官司平息，这就少了很多恩恩怨怨。”

“明日再来”这种处理一般官司的做法，是合乎人的心理规律的。以“冷处理”缓和情绪，不急不躁，才能理智地对待所发生的一切，避免不必要的争执，忍一时的不冷静，对人对己都有好处。

所以无论做官还是做人，修身养性都是必需的。要训练自己处世不烦，不急不躁，无怨，清醒。头脑清醒才能保持安静，保持安静才能做出正确的决断。凡事欲速则不达，该缓处理的事，如果一时焦躁起来，矛盾激化，就会出乱子。

对于“养静”，曾国藩有更切实的解释，那就是“居官以耐烦为第一要义。”

有一天，曾国藩接到曾国荃的一封信，信中说：“仰鼻息于傀儡膻腥之辈，又岂吾心之所乐。”曾国藩谆谆告诫弟弟说，这已经露出了不耐烦的苗头了，将来恐怕难以与人相处。能耐烦的好处就是从容平静，从容平静方能产生智慧，方可处变不惊，才能安稳如山。

在同样摩拳擦掌、跃跃欲试的一群精英之中，以不变应万变，后发制人，往往能获得最后的胜利。

宽容别人就是宽容自己

消灭敌人的最佳方式，就是将他变成自己的朋友。宽容是一种博大的胸怀，有了它才可能调动一切积极主动的因素，有了它才可以团结一切可以团结的力量。

对于任何人，要成就一番事业，都离不开他人的支持与帮助，而要创造一个良好和谐的人际关系，我们每一个人都应学会宽容、理解他人，这也是为自己营造一个好的生存环境。如果凡事斤斤计较，树敌太多，就等于在你成功的路上人为地设下了障碍。

在这个越来越物质化的社会中，人们常常为功利性的表象所蒙蔽，我们不但很少能感受到宽容带来的爱和力量，更很少去思考宽容本身所具有的美和智慧，宽容的面容变得越来越模糊迷离了。许多人直到现在都固执地认为，在现代社会中生存不能宽容，也无法宽容。许多人会认为，宽容是软弱的表现，宽容只能让我们退让和忍受；宽容应该是相互的，如果我对别人宽容，别人对我们却不宽容，岂不是吃了大亏？抱有这种认识和思想的人，他们对理解的宽容是极端的、片面的。

在曾国藩去世前两年，他觉得自己大限将至，于是对自己的人生经历、成功经验开始进行总结。在给兄弟、心腹、子女的家书中，所提及的都是为人处世的深刻道理。他曾写下一篇两千多字的家书，教诲儿子曾纪泽、曾纪鸿等，为人应当以恕立德，以恕待人，这是扩大自己力量、修养身心、做成大事不可或缺的素质。相反，心胸狭隘，心怀嫉妒，则是招祸的一大根源。

“恕”字看似简单，做起来却不那么容易。与曾国藩同时代的左宗棠在这方面也差点火候。

在攻占金陵一役中，左宗棠与曾国藩的弟弟曾国荃因战事的功过问题发生了争执，连带左宗棠与曾国藩的关系也紧张起来，彼此之间不通书信。后来左宗棠任陕甘总督出征西北，曾国藩以两江总督负责粮饷。左宗棠担心曾国藩掣肘，“败我功也”。事实上曾国藩为西征筹饷，始终不遗余力，又选部下最精之兵、最强之将刘松山部助战。左宗棠不肯承认曾国藩的相助之功，反而在接见部将时总骂曾国藩。他的部将许多都是曾国藩的旧部，他们私下里议论说左宗棠与曾国藩不和就算了，何必要在他们面前反复唠叨呢？何况又多属强词夺理。所以后来左宗棠询问左右为何都称“曾左”而非“左曾”时，有人直言：“此乃曾公眼中有左公，而左公眼中无曾公之故也。”

左宗棠对曾国藩的不满，与他们性格差异较大有关：左性情刚烈，曾则“懦缓”。但从这件事中，可以看出左宗棠的“恕”字功夫还差一些。曾国藩虽与左宗棠有不和之时，但他却从不背后诋毁左宗棠，而是逢人则赞左为天下第一流人物，认为其刚强由于天生，常人不可及，所以能有扫荡寰宇的气势，成就盖世之功。这就是大清朝臣中，领袖人物的气度与风范。

宽容是一种博大的胸怀，宽容是一种至上的美德，宽容是成就大业的基石。有了它才可以团结一切可以团结的力量，有了它才可能调动一切积极主动的因素，否则就会众叛亲离、孤家寡人。

1754 年，华盛顿还是一位上校时，他率领部下驻守在亚历山大。那时正在选举弗吉尼亚议会的议员，有一个名叫威廉·佩思的人反对华盛顿所支持的候选人。

据说，华盛顿与佩思就选举问题上的某一点发生了激烈的争论，华盛顿

说了一些冒犯佩思的话，佩思便把华盛顿一拳打倒在地。华盛顿的部下马上过来，准备替他们的长官报仇，华盛顿当场加以阻止，并劝说他们返回营地。

第二天一早，华盛顿递给佩思一张便条，要求他尽快到当地的一家小酒店去。佩思如约到来，他是准备来进行一场决斗的。但令他感到惊奇的是，他看到的不是手枪而是酒杯。

华盛顿站起来迎接他，并笑着伸过手去。

“佩思先生，”他说，“犯错误乃人之常情，纠正错误是件光荣的事。我相信昨天我是不对的，你已经在某种程度上得到了满足。如果你认为到此可以解决的话，那么请握我的手——让我们交朋友吧。”

从此以后，佩思成为一个坚决拥护华盛顿的人。

与人为敌，对双方来说都是一种折损，从每个人的内心说，一般都不愿刻意与人为敌，所以当一方以博大的胸怀招引时，另一方也愿意乘势下台阶。

消灭敌人的最佳方式，就是将他变成自己的朋友。人们往往把宽广的胸怀比作大海，能广纳百川之细流，也不拒暴雨和冰雹。宽以待人，就要将心比心，推己及人。人与人之间应互相包容，团结更多的人，在顺利的时候共奋斗，在困难的时候共患难，进而增加成功的力量，创造更多的成功机会。如果凡事斤斤计较，则会使人疏远自己，减少合作力量，无形中给成功带来了障碍。

看得远，才能忍下不平之气

认为“忍是懦弱者的哲学”的看法不过是从表面上看问题，恰恰相反，忍是强者的哲学。只有志存高远、目光锐利、意志坚强的人，才不会为小小不平之事而盲动。

中国的传统文化中，推崇大丈夫能伸能屈，小不忍则乱大谋。这实际上就是把能否持忍不发作为衡量大丈夫的一条重要标准。勾践困于石室，韩信受辱胯下，司马懿假病，诸此等等，都是坚忍养晦而终成大业的典范。纵观古今中外乱世中崛起之名士，几乎无一不通韬晦之术。

忍是理智的抉择，是成熟的表现。忍有一个最重要的条件，就是要目光远大，有长远打算，才能忍一时之痛。忍一时，风平浪静；退一步，海阔天空。忍能体现一种大胸襟、大气魄。

咸丰皇帝刚登基，就遇上太平天国起义，于是他下令征言求治。当时的曾国藩血气方刚，上疏陈奏裁兵、节饷、加强训练，被置之不理。曾国藩不甘心自己的好意被束之高阁，再次上疏，锋芒直指咸丰帝本人，以求更新政治。他批评咸丰帝苛于小节，疏于大计；只求好看，不求实际；刚愎自用，不肯听从各方面的意见。虽然这些都是事实，但如此犯颜直谏，不是哪个皇帝都能听进去的。果然，咸丰帝看了一半就怒火中烧，把折子扔在地上，并立即召见军机大臣，要查办曾国藩。只是由于祁寯藻、季芝昌的求情，曾国藩才侥幸逃过一劫。经过这次碰壁之后，曾国藩变得谨慎了，不再盲目效仿古代的谏臣，自此锋芒顿减，将“忍”字作为自处之道，再不敢在奏折中批评皇帝。

曾国藩以“忍”保全，堪称为官之“楷模”。他对儿子曾纪泽说：“吾服官多年，亦常在‘耐劳忍气’四字上做功夫也。”对诸弟说：“兄在外年余，唯有‘忍气’二字日日长进。”“忍”字被他视为自己的成功法门，成为他的为官之箴、处世秘诀。

人生一世，谁都不甘于平庸，都想成就一番大业，不虚此生。其中，忍也是成就大业的必备心理素质。所谓“忍小谋大”就是要站得高，看得远，忍住那些小欲望，或一时一事的干扰，创造条件奔向更大的目标。

秦初有两位名士，一叫张耳，一叫陈余，都是魏国人。秦国灭掉魏国后，悬赏重金捉拿他们二人。两人改名换姓逃到陈地，在乡里看门度日。一次，乡里小吏因为陈余的一点小过失要打他，陈余怒气冲天，眼看就要发作，张耳暗中踩了踩陈余的脚，叫他忍下这口气。小吏走后，张耳把陈余带到桑树下面，责备他说：“当初我和你是怎么商定的？今天碰到一点小侮辱，就准备死在一个小吏的手里吗？”陈余气盛浮躁，坚忍远不及张耳，后来他俩果然是一个成功、一个失败。

东汉刘秀，他在哥哥刘演被刘玄暗害后，悲痛万分，但他清醒地看到自己力量单薄，一时无法抗衡刘玄，于是索性赶去向刘玄谢罪。刘演原任司徒，刘秀继任后，司徒署的官员来迎接他，向他致以哀悼。刘秀控制住自己的感情，不说一句涉及私情的话，一再引咎自责，丝毫不提自己往日的功劳，也不为兄长披麻戴孝，饮食言笑一如平常。刘秀的冷静态度使刘玄感到内疚，为了补偿过失，他拜刘秀为破虏大将军，封武信侯。

刘秀以隐忍求全终于渡过了难关，保全了性命，之后成就了大业。

即使在平凡的现实生活中，需要我们忍耐的情形也时有发生：骑车上班，被人刮倒了，找他论理，他还蛮不讲理；写好报告送上去，领导不认真看，

强不知以为知，倒过来还瞎批评一顿；论条件，评职称，自己是没有问题的，没想到却没评上，那些不如自己的却评上了。

遇到让人气愤的事，怎么办？有人任性而为，大发脾气，大吵大闹，伸拳动腿，投河上吊，不出尽胸中的恶气不甘休。有的人则不然。他们认为这种任性而为实在是不明智的行为。出于气愤与人动武，把人打伤或被人打伤，都不好；出于气愤和领导顶撞，只能增加领导对你的恶感；评职称、拿大奖没有轮上，已成事实，无法更改，大吵大闹只能伤害自己的形象，还有何用？

认为“忍是懦弱者的哲学”，只不过是从表面看问题，恰恰相反，忍是强者的哲学。只有志存高远、目光锐利、意志坚强的人，才不会为小小不平之事而盲动。

“忍”字的旧解是放在心上的一把尖刀。如果我们来个新解，把“忍”字看做心中有一把尖刀，忍是为事业奋斗的利剑，不是更恰如其分吗？

愤怒从愚蠢开始，以后悔告终

愤激行为是一个人涵养不够、气量不足的表现，暴躁不仅伤及他人，还伤害自己的身体。一个人常以和气悦人悦己是吉祥福气的征兆，而如果常有乖戾之气，就会招致祸端。

古人有“怒伤肝”的说法，生气对身体百害无一益。不但于事无补，反而损伤了自己的形象。当人感觉受到伤害时，愤怒是出于本能的一种反应。人有理性、有思维，人的行动不仅受情感的支配，也会受理性的控制。要想维护自己的正当利益，仅采取愤怒这种方式是不能解决问题的。人被石头绊倒，通常不会对石头发脾气。把那些伤害或触犯自己的人当作石头，那么你就会心平气和许多。

刚考中进士之时，和许多荣登金榜的士子们一样，曾国藩也踌躇满志，得意非凡。可是一旦为官之后，由于治国平天下的志气一时无法施展，也由于初入仕途缺乏为官经验，更由于耐不住翰林的清苦和孤寂，这时的曾国藩脾气极其暴躁，动辄申斥仆人。曾国荃被接到京城随他学习，也因无法忍受他的脾气愤而归乡。

于是曾国藩开始认真检讨自己的言行，认为“凡人皆有切身之病，刚恶柔恶，各有所偏，溺焉既深，动辄发见，须自己体察所溺之病，终身在此处克治。”既然自己的偏失在于动辄必狠，不懂得以柔克刚的道理，所以首先要心静，遇事多思考，怒气也就会渐渐平息下来了。

此后曾国藩做人非常注意控制自己的情绪,不再时不时便要发火。

与人交往,不是任何事都尽如人意,稍有委屈就想发泄,就不能控制自己,是令人难以忍受的。要做一个有涵养的人,必须有一个控制自我的修心过程。曾国藩强调愤激行为是一个人涵养不够、气量不足的表现,同时也与担当大事、督己责人有很大关系。他还用林则徐"制怒"的典故来自我教育。林则徐性格急切,遇有不平事常迁怒于人,为此常常适得其反。任江苏巡抚后,林则徐痛切意识到这一弱点,也深刻体悟到担当封疆大吏,如果不能自我克制,则贻误更大。因此,进驻巡抚衙门的第一天,他就亲书"制怒"二字悬挂在听事堂,一是自我监督,二是让僚属监督他。久之,终于养成人人都佩服的雅量,成为一代名臣。

愤激的进一步发展就是暴躁,愤激是言语伤人,情绪窒人,但暴躁就不仅伤人,还伤害自己的身体。曾国藩进而认为,一个人常以和气悦人悦己是吉祥福气的征兆,而如果常有乖戾之气,就会招致祸端。

三国时的猛将张飞,他行军打仗,叱咤疆场,常常令敌军闻风丧胆,可谓是一世英雄。但他性情狂躁,刚愎自用。关公战死后,为了表达失兄之痛和报仇雪恨之心,他竟令三军"挂孝伐吴"。两员大将范强和张达一时未能筹措到"白旗白甲",张飞便叱令武士将二人"缚于树上,各鞭背五十"。鞭毕,他又用手指着他们二人,说:"来日俱要完备!若违了限,即杀汝二人示众!"仅仅因为这样一件事,便"打得二人满口出血"。二人因受此大辱,一时气起,竟合谋趁张飞醉卧酣睡之机,"近前,以短刀刺入飞腹"。张飞大叫一声而亡,时年55岁。一员虎将没死在战场上,却因为自己的暴躁性格而惨死在自己人的手中。

遇事不冷静,头脑发热,任情绪作怪,到头来只能做出令自己后悔的事,有的甚至无法弥补。

人在逆境或不顺心的时候，总是易怒，爱发火。其实这也没有什么不对，关键是你要控制住自己的情绪，使自己的怒气不伤及自己和他人。

从前有个又穷又愚的人，在一夕之间突然富有了起来。但是有了钱，他却不知道如何处理这些钱。他向一位和尚诉苦，这位和尚便开导他说："你一向贫穷，没有智慧，现在有了钱，不穷了，可是依然没有智慧。近来城内信佛的人很多，有大智慧的人也不少，你出千把两银子，别人就会教你智慧之法。"那人就去城里，逢人就问哪里有智慧可买。有位僧人告诉他："你倘若遇到疑难的事，且不要急着处理，可先朝前走7步，然后再后退7步，这样进退3次，智慧便来了。"智慧这么简单吗？那人听了将信将疑。

当天夜里回家，他推门进屋，昏黑中发现妻子居然与人同眠，顿时怒起，拔出刀来便想行凶。这时，他忽然想起白天买来的智慧，他想，何不试试？于是，他前进7步，后退7步各3次，然后点亮了灯再看时，竟然发现与妻子同眠者原来是自己的母亲。这位暴发户有幸买了智慧，避免了一场杀母大祸。

生活中，只要不是什么原则性问题，大可不必过于冲动，一时的冲动往往会导致严重的后果，实在有些得不偿失。而控制自己的情绪，是一个人成熟、稳定的最直接的表现，是担当大事的先期准备。

清洗懦弱，自强不息

人心强则气壮，自强是克敌制胜的随身法宝。在“温、良、恭、俭、让”的传统文化中熏陶出来的中国人，培养自己气质中的强悍精神，是必不可少的一项修炼。

在我们传统的人格修养文化中，主要以“温、良、恭、俭、让”为特征，塑造出来的人物，是“文质彬彬”的君子，尽管它包含了一些积极的因素，但总的来说，缺少一种豪迈激越的劲头。真正要建功立业的强者，培养自己气质中的强悍精神，是必不可少的一项修炼。

世上没有人天生就注定会成功，也没有人能不经历挫折、失意。只要意志坚定，百折不挠就一定会成功。人要想成就大事，有所作为，就应当靠自己的努力，去冲破一切艰难险阻。

曾国藩以自强为立身之本。他读过《周易》后，深有感触，在日记中写道：“天行健，君子以自强不息；地势坤，君子以厚德载物。”从此，“自强”一直贯穿在他处世应变的行为当中，也内化为他思想的核心内容。

有些人心高气傲，却忽略了自身修养，反而埋怨无人知己。曾国藩极少抱怨别人不了解、不重用自己，而是始终脚踏实地，一步步做出成绩来，时间一长，自己的才能想被埋没也埋没不了。每个人都有自身的利益追求，没有谁会一辈子跟着你，为你甘心付出，不求回报。所以在人生路上，还要靠自己的不断奋斗来获得成功。

自强不是孤芳自赏，也不是夜郎自大，更不是得意忘形，毫无根据地自以为是和盲目乐观；而是激励自己奋发进取的一种心理素质，是以高昂的斗志、充沛的干劲儿，迎接生活挑战的一种乐观情绪，是战胜自己、告别自卑、摆脱烦恼的一种灵丹妙药。

美国有一位名叫约翰的人，是一位有名的管理顾问，人们一走进他的办公室，马上就会觉得他是一个身价不凡的人。办公室内豪华的摆设、考究的地毯、忙进忙出的人流以及知名的顾客名单都可以告诉你，他的公司的确成就非凡。但是，就在这家鼎鼎有名的公司背后，却藏着无数的辛酸血泪。

约翰创业之初的头6个月就将10年的积蓄用得一干二净，一连几个月他都以办公室为家，因为他付不起房租。整整7年的艰苦挣扎中，他没有说过一句怨言，而是自强自立，不依人成事。他说："我还在学习啊，这是一个无形的、捉摸不定的生意，竞争很激烈，实在不好做。但不管怎样，我还是要继续学下去。"他真的做到了，而且做得轰轰烈烈。这一切把他折磨得够疲惫不堪了吧？他却说："没有啊！我并不觉得那很辛苦，反而感到我获得了无穷受用的经验。"

心有劲，则力无穷。一个人要想做一番事业，就要有信心，要有一定能成功的信念，才能充分发掘自己的潜力，激发出进取的力量。一个人要有信心就没有做不成的事情。一个人的信心越大，那么他的积极性就会越高，内在的潜力也就会越大。有人说成功就是，"敢想敢做，敢作敢当"，有时觉得事情太难了，不想去做了，那是心力枯竭的表现，其实，只要你敢想就没有做不成的事，在这个世界上，最怕的就是"认真"这两个字。只要你充满信心，全心全意地去做一件正确的事，就一定能成功。

有真本事，也切忌咄咄逼人

有才干本是好事，是事业成功的基础，在恰当的场合显露出来十分必要。但是带刺的玫瑰最容易伤人，也会刺伤自己。做人做事的最佳尺度，是"花未全开月未满"，处处留有余地。

做事不要锋芒毕露，不但要战胜盲目骄傲自大的心理，凡事不要太张狂咄咄逼人，更要有时时给人留有余地的美德。做人做事的最佳尺度，是"花未全开月未满"，无论一个人有怎样出众的才智，都一定要谨记：不要把自己看得太了不起，不要把自己看得太重要，如果你的光芒照花了别人的眼睛，就会有许多人给你设障碍。

曾国藩常用"厚藏匿锐，身体则如鼎之镇"这句话教育僚属及家人，这两句话可以作为座右铭来遵守。"藏"是什么？藏心是为了把锋芒掩饰下去，不让别人察觉。即本来强，却装弱，本来大，却装小，目的是为了更好地出击，让别人防不胜防。

同治三年(1864年)天京攻破，在战事平定之后，他奏报朝廷说曾国荃病情严重，无法上任，请求回乡调理。很快清廷便批准了曾国藩所奏，并赏给曾国荃人参六两，以示慰藉。在兔死狗烹的封建官场，曾氏兄弟能够全身而退，不能不说是一种明智的选择。

任何人彻悟藏锋之道，都是一种自我保护和实现自我价值的生存之道。实际上藏锋露拙与锋芒毕露，是两种截然相反的处世方式。锋芒引申指人

显露在外的才干。有才干本是好事，是事业成功的基础，在恰当的场合显露出来十分必要。但是带刺的玫瑰最容易伤人，也会刺伤自己。露才一定要适时、适当。时时处处才华毕现只会招致嫉恨和打击，导致做人及事业的失败，不是智者的所作所为。

曾国藩在给朋友丁雨生的信中说过："阁下志向宏大识见正确，不难赶上古人。但愿你在大家都醉了而你独醒的时候，仍然以'浑'字表现出来；在效果迟迟体现不出来的时候，更要以'耐'字要求自己。那么，人们都感到这样很好，而对于自己来说可以养德养身，两方面都有好处。"

曾国藩在给地方官吴竹庄的信中说："阁下往年的短处在于尖语快论，机锋四出，这是最容易招致诽谤的了。现在你的地位声望一天比一天高，更需要尊重贤人、容纳众人，取长舍短，在公开的场合表扬善行，而在私下里检讨自己的过失，这样就可以使人佩服你的英明，而感激你的宽厚。"

这些话堪称经验之谈，后人有必要谨记于心。

"匹夫无罪，怀璧为罪"，在很多时候，一个人身上的亮点，恰恰是他惹祸的根源。对于这种看起来花枝招展，实则危机四伏的大包袱，最明智的做法就是不动声色地把它卸下来。

东汉明帝刘庄的侄子刘睦，从小好学上进，读书很多，结交了许多有学问、有道德的儒者，他与那些只知道吃喝玩乐的公子哥儿从不来往。有一年年底，他派一名官员去洛阳朝贺，临行前，他问前去朝贺的官员说："皇帝如果问起我的情况，你怎样回答？"这位官员回答说："您忠孝仁慈，礼贤下士，深得百姓爱戴。臣虽然不才，怎敢不把这些如实禀告。"

刘睦听后，连连摇头说："你如果这样禀告，就把我给害了！"这位官员不解地问："您为什么这样说呢？"刘睦说："你所说的只是我以前的状况。我现在已经有了很大的变化。你见了皇帝后，就说我自从承袭王爵以来，意志衰退，行动懒散，每天除了在王宫与嫔妃饮酒作乐外，就是外出狩猎游玩，对正业丝毫不感兴趣。”

刘睦这样说是有原因的，在当时，宗室中凡是有些志向，或者广纳朋友的，都容易受到朝廷的猜忌，弄不好就会招来杀身之祸。所以，真正聪明的刘睦不得不故作糊涂人，教人说出那番话，实际上是明哲保身之计。

当今社会，做人依然以浑厚为佳，不炫耀自己的聪明才智、不轻易反驳对方所说的话都是做人的高明之处。其实要做到这一点是非常不容易的，必须要有很好的心态才行。无论是初涉世事，还是位居高官，无论是做大事，还是一般的人际往来，锋芒都不可毕露，有才华固然很好，但在合适的时机运用才华而不被或少被人忌，避免功高盖主，才算是更大的才华。

宠辱不惊,别让名利拖着走

内心淡定,不但要求一个人在鲜花掌声中不昏头,同时在困窘之中也要保持自己的风骨,切忌一遭打击,就垂头丧气,破罐子破摔。得意时不张狂,失意时不怨恨,这是一种智慧,更是一种境界。

这个世界有太多的诱惑,因此有太多的欲望满足不了的痛苦。一个人要想以清醒的心智和从容的步履走过岁月,他的精神中必定不能缺少淡泊,否则,他不是活得太忧郁,就是活得太无聊。看淡,不是不求进取,不是无所作为,不是没有追求,而是以一颗安定的心对待生活和人生,正所谓淡泊名利,宁静致远,不以物喜,不以己悲。

曾国藩认为心静如水,不生妄念,淡泊名利,把万事看空,有益于养生。这与佛教"断妄念"的观点是一致的。思想清静,除私欲,戒妄念,在这方面,曾国藩也是说到做到。他从金陵官署中搬回老家的财物,主要是些书,他随身衣物的价值不超过两三百两银子。

曾国藩做事,讲究"法桃李之不言","虚心实做",反对讲资格,摆样子。用现代的话讲,就是做自己该做的事,埋头耕耘,不问收获。如此,所建立的功名事业才扎实。他曾引用庄子的话说:"美成在久"。即美名成功在于长时间的积累。骤然为人信服的人,那么这种信任是不牢固可靠的;突然之间就名噪一时的人,那么他的名声一定大于实际情况。品德高尚,修养很深的人虽然没有突然而得的美名,但这就像一年四季的更替,是逐渐有序地完成一年的运转，他们的美名让人们不知不觉渐渐感知。因此，一个人诚实而具美质，就像桃李，虽不说话，但由于它的花果美好，自然会吸引人们慕名前来。

当一个人的内心足够强大，充分认识到自己人生的目标和责任时，他就可以平淡地看待外界的名利荣辱，就能随遇而安，适可而止，知足常乐。不为虚名所累，就是一切以人为本，该怎么做就怎么做，要追求自己的人生目标，就不要被眼前的鲜花、桂冠挡住了前面的道路，你应该毫不犹豫地抛开这一切身外之物，走自己的路，干自己的事，不因小成就妨碍自己的大成功，这样，才能使你获得真正的荣誉。

第十四届韩国棋圣战决赛五番棋第五局比赛在韩国棋院结束，李昌镐以3：2击败了他的恩师曹薰铉，实现了十一连冠。赛后接受记者采访时，他却不知道这已是他连续六次在棋圣挑战赛中击败恩师了，对十一连冠更是浑然不知。他说："我从来没有特意去记在哪个比赛中和谁下过棋，或者是第几次夺冠……"原来，在李昌镐的心中，根本就没有任何"霸业"，他所想的只是把棋下得更好。

李昌镐28岁时，已经称雄棋坛十余年. 被称作"世界围棋第一人"。行家说：论天分，很多棋手与李昌镐不相上下；论棋力，也有不少棋手与之难分伯仲。那么，他们这些人为何屡屡败于李昌镐呢？原因就在李昌镐的绰号上——石佛。无论面前的阵势是优是劣，李昌镐都如泥塑石雕一般，心中只有棋，无意于身外事。这种定力，是棋谱中找不到，棋院里也学不到的。保持自我宁静，集中思想可使我们消除杂念，这样就达到了通常所说的"专注"的境地。当一个人专注地去做一件事时，沉浸在自己的天地里，不会为过去的种种光环所左右，对于以往所有的成功，既不能让别人给"捧杀"了，更不能被自己所"捧杀"。保持宁静，就是走向成功。

内心淡定，不但要求一个人在鲜花掌声中不昏头，同时在困窘之中也要保持自己的风骨，切忌一遭打击，就垂头丧气，破罐子破摔。

张伯驹是“民国四公子”之一，他出身名门世家，又有绝高的艺术修养，几乎占尽人间风流。他中年后遭遇家国之变和“文革”的冲击，历经重重波折，但一直保持着自己固有的生活节奏。

1995年5月，黄永玉先生出版画册，其中有一幅《大家张伯驹先生印象》：1982年初，黄永玉携妻儿在莫斯科餐厅吃饭，“忽见伯驹先生蹒跚而来，孤寂索寞，坐于小偏桌旁。餐至，红菜汤一盆，面包果酱，小碟黄油两小块。先生缓慢从容，品味红菜汤毕，小心自口袋取出小毛巾一方。将抹上果酱及黄油之4片面包细心裹就，提小包自人丛缓缓隐去……”

学者王世襄也感慨：实在令人难以想象，曾用4万块现大洋购买《平复帖》、黄金220两购得《游春图》，并于1955年将8件国之重宝捐赠给国家的张伯驹先生及夫人竟一贫如洗到如此地步！他十分赞赏黄永玉为张伯驹下的论断——“富不骄，贫能安，临危不惧，见辱不惊……真大忍人也！”

宠辱不惊，是一种阅历繁华之后的恬和冲淡，是一种笑看人生风云变幻的洒脱，同时也是一种遇事镇静沉着的稳健和气度。急于出头露面，急于做出成绩，急于出众，是一种思想不成熟的表现。古往今来，能成大业的人，有时干出轰轰烈烈的壮举，有时也可能一败涂地，不管是顺境还是逆境，他们往往心态平和，泰然处之。得意时不张狂，失意时不怨恨，这是一种智慧，更是一种境界。

第三章

塑家风:持家有道,方成大事

家和则福自生。

——曾国藩

古人认为,一个完美幸福的家庭的标准是父慈子孝、夫唱妇随和兄弟友爱。对于一个成年人来说,维护好一个美满的家庭,是他做人和处世能力的最基本的体现。如果一个人连自己的家务事都料理不明白,在社会上人们也难以信任他管理其他事务的能力。而且,一个和谐美满的家庭,可以解除我们的后顾之忧,为我们在社会上打拼提供最有力的支持。

节俭使人一生富有

对身居高位的人而言，提倡节俭，则能上行下效，形成良好的风气。而且节俭可保证日用充足，避免贪污，是升职保身的不二法则。对平常百姓而言，节俭可节制物欲，积累家财，保证生活的平安幸福。

《左传》中说："俭，德之共也；侈，恶之大也。"意思是说，节俭是一切美德的基础和来源，而奢侈则是所有恶行中最为严重的。可见节俭并非只是艰苦朴素那么简单，对身居高位的人而言，提倡节俭，则能上行下效，形成良好的风气。而且节俭可保证日用充足，避免贪污，是升职保身的不二法则。对平常百姓而言，节俭可节制物欲，积累家财，保证生活的平安幸福。

家道要久盛而不衰，不在于留多少财产给子孙，真正的传家之宝，只有"勤俭"二字。

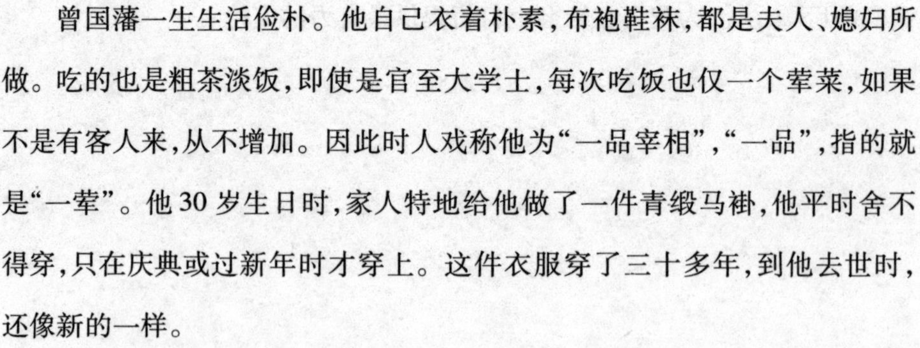

曾国藩一生生活俭朴。他自己衣着朴素，布袍鞋袜，都是夫人、媳妇所做。吃的也是粗茶淡饭，即使是官至大学士，每次吃饭也仅一个荤菜，如果不是有客人来，从不增加。因此时人戏称他为"一品宰相"，"一品"，指的就是"一荤"。他 30 岁生日时，家人特地给他做了一件青缎马褂，他平时舍不得穿，只在庆典或过新年时才穿上。这件衣服穿了三十多年，到他去世时，还像新的一样。

俭朴持家，是曾氏的祖传家风。曾国藩作为同辈长男，从持家之始，就将"俭"字放在头等重要的地位。他教育子侄说："俭字功夫，第一莫着华丽衣服；第二莫多用仆婢雇工。”不用奴婢和仆役，固然是为了少花钱，但更重要的目的却是培养家人亲自劳动、爱惜劳动成果的习惯。曾家的男子要亲自下地耕田，妇女更要亲自纺织。为儿娶妻，也选勤俭之家的女儿，以保持家风。

曾国藩的节俭还表现在一些小事的细节上。他认为，日常持家应当把一些零碎物件，如碎布、小纸片都要收集起来，以备使用。如他所言：“务宜细心收拾，即一纸一缕、竹头木屑，皆宜捡拾。”积少成多，就会变废为宝。这样家里既显得整齐，又节省了财物，还养成勤动手、办事有条理的好习惯。

曾国藩从政治军，每件书信、文牍、奏章都要抄一副本，收藏在家中。咸丰四年（1854 年）五月，他就对几位兄弟说：“凡谕旨、章奏等件付至家中者，务宜好为藏去。我兄弟五人，无一人肯整齐好收拾者，亦不是勤俭人家气象。”经过日积月累，曾家所藏的书籍、文献已经汗牛充栋。这些不起眼的东西，后来都成了珍贵的史料，堪称无价之宝。

曾国藩重视节俭持家，因为家是一个人事业的根基，治家与治国相通相关。不善治家者，必不能治天下。一个人即使再有能力，倘若家庭出了问题，也就如拔其根，难以立足。曾国藩有这样一种不同寻常的看法，他认为为官不是长久之计，而家庭则与一个人的一生相始终。所以，他认为治家比为官更重要。

曾国藩反对生活奢侈，是因为他看到奢侈对历代世家大族的衰落和豪门权贵的破败有极大的危害。他发现，凡是能恪守节俭的家族大多能持续长久，而奢侈放纵的家族很少能过两代，而且都不能善终。

有些人往往把节俭误解为吝啬，是“守财奴”的做派。其实这两者之间，是有着根本性差别的。贫穷而知道节俭，并不难做到，但富裕而依然知道节俭，就不大容易做到了。但唯有这样，节俭才更可以体现出一种难能可贵的品质，一种积极健康的生活态度。

1962年，山姆·沃尔顿在阿肯色州的小山村创办了一家小型超市。以勤俭创业为美的沃尔顿在向财富进军之初，为了降低成本，外出组织货源时，他常常与其他员工一起住8人一间的廉价旅馆，吃供应给劳工的最便宜的饭菜。即使沃尔顿后来成为全美首富之后，他驾驶的仍是一辆破车，出差时仍住低廉的客房。在沃尔顿的勤俭精神影响下，他去世十几年后，这种勤俭的风格仍根植于沃尔玛公司的企业文化中。现在，沃尔玛公司已发展成为全球最大的零售企业，市值已达到2520亿美元，该公司的许多高级经营管理者也已是百万富翁。可是在简朴的公司总部却丝毫看不出任何奢侈的迹象，他们虽位居高层、身价百万，却养成了自倒垃圾、自擦地板的良好习惯，就连开会用剩的铅笔，也要带回办公室继续使用，他们认为，浪费不仅令人心疼，而且也是一种耻辱。

正当赚钱，是吃苦耐劳、不懈努力、不受诱惑的表现；合理使用，是精明能干、富有远见和自我克制的体现，而这些都是刚毅果敢性格的真正基础。那些信奉今朝有酒今朝醉的人，表面看来也享受了人生，可惜他们的享受只是暂时的，经济危机、信誉危机和碌碌无为的空虚感，都会在不久的将来找上门来。

节俭既不需要超人的勇气也不需要卓越的美德，而只需要一般的力量和普通的克制能力。但是它却意义深远，意味着统筹安排、合理规划、精打细算和避免浪费，不管古今中外，勤俭都应当是人们持家做人的第一原则。

以“敬”字作出让人信服的表率

“敬”字的根本，对内，要仪容整齐、态度端正；对外，无论对方人数多少、年龄大小都不可轻慢，要礼遇有加，这样做既尊敬别人，也显示出个人的修养水平。

敬，作为对人对事的一种道德要求，首先要自敬，用严肃认真的态度对待自己，不断提高自己的修养。外表上要端庄、整洁，干净利落，内心则要有恭敬之态度。其次对别人要尊敬，无论对方官大官小，贫穷富有，年长年幼，都应恭敬有礼。在人际交往中，要非常注重仪表和态度，“欲人之敬己，须自敬其身始，能敬其身，则不期人之而敬矣”。

曾国藩的形象，他的门生故吏都有过描述，共同的一点都强调他“行步极厚重，言语迟缓”。“重”字是庄重、厚重的意思，是他最突出的仪表特征。

曾国藩容止持重，是由于家风使然，其祖父“仪表绝人，全在一‘重’字”，而曾国藩一直将祖父当作心中楷模，行动言语无不仿效。二则由于理学浸染，理学主张修身，由治心而治身，在仪容上有一番特殊的要求。

曾国藩师从儒学大师唐鉴后，唐鉴告诉他，读书以《朱子全书》为宗；为学只有三门：义理、考核、文章；修身要内外齐抓，“检摄于外，只有‘整齐严肃’四字；持守于内，只有‘主一无适’四字”。唐鉴所说的“整齐严肃”，即是“重字诀”的根本内容。曾国藩原来说话较快，且喜多说，这正是“重”字大敌，于是他从“谨言”开始，重新打造自我，其容止风范也由此大变。

在对子弟的家教中，曾国藩非常注意“敬”的培养。曾国藩不断提醒自己的几个弟弟在“勤”、“敬”上做好表率，对自己的儿子更是严格要求，要举止端庄、说话谨慎，不要整天嘻嘻哈哈，自己首先要严格要求自己，有让人值得尊敬的根本，别人才会尊敬你。曾国藩很清楚，自己这一家族之所以出现兴旺之象，是几代祖先们不断努力进取的结果，作为后辈，只有将这一传统发扬光大，才能使家业保持兴旺。同时，敬重长辈，也是晚辈对长辈为家族振兴作出贡献的一种认可、一种景仰，从报答父母的养育之恩来说，更是自然而然的事情。在家学会敬养父母，走上社会才知道尊重他人，才能处理好人际关系。同时，一家之中有了“勤、敬”的门风，也才会赢得族人乃至邻人的敬重，这关系到一家之声誉。

仪容整齐、态度端正，这是“敬”字的根本。一个人如果能时时以“敬”字修正自己的言行，那么不论是在家族中还是在整个社会里，都可以帮助我们维护一种良好的互动关系。

春秋时期，鲁定公问孔子：“君主怎样使唤臣子，臣子怎样侍奉君主呢？”孔子回答说：“君主应该按照礼的要求去使唤臣子，臣子应该以忠的标准来侍奉君主。”这个问题，以现代的观念来说，就叫政治领导术。

我们中国文化讲忠孝，但忠孝之道也是相对的，“父慈子孝，兄友弟恭”，父母付出了爱心的教养，才有子女孝道的反哺，两者是相对的。忠也是一样，就如孔子的话，上层对下层以礼，也就是说不颐指气使，不随心所欲，而是以严正的态度，按照规则办事；那么，下层也就自然由敬重而衷心服从。

曾国藩深受儒家义理的影响，他非常注重自己的表率作用，言传不如身教，自己不正，怎么能正人呢？对于自己表现出来的不敬行为、言语，曾国藩常常在日记中表达出警醒、自责之意，意在提醒自己。

世界是丰富多彩的，每一个人都有自己的个性、特质，这就是在与人交往中为什么要“敬人”的根源所在。在与人交往方面，曾国藩对“敬”字的体会是：“敬”字唯“无众寡、无小大、无敢慢”三语最为切当。也就是说无论对方人数多少、年龄大小都不可轻慢，要礼遇有加，这样做既尊敬别人，也显示出个人的修养水平。

荀子指出：无论对于贤者或是小人，都要“敬”，只是二者的内容不同，对贤者的敬重是认同其价值取向，以求亲近；对小人的敬是一种畏惧，要敬而远之。在与人交往中，每一个人都要受到礼敬，对别人的礼敬实际上是对自己的尊重，“不敬他人，是自不敬也”。

万事由“勤”而生，由“惰”而败

从心理学上讲，一个人勤劳，不但锻炼了意志、毅力，在劳作的时候集中精力乐在其中，反而会觉得很愉快，所以曾国藩称“勤”是生动之气，而“惰”则是衰退之气。

曾国藩的传世作品中，家书是影响最大的，因为其中包括修身、齐家、治国、处世各方面的经验智慧。而纵贯其中的，有一个最为核心的字，即“勤”字。曾国藩认为，纵观古今，名家巨室，无不由勤而兴，由惰而败，他说：“家之兴衰，人之穷通，皆于勤惰卜之。”也就是说，一个人、一个家庭，其兴衰可以由是勤还是惰来预测，勤则无有不兴，惰则无有不败。

同治九年十一月，曾国藩作了一篇“习劳则神钦”的伟论，论述了懒惰的危害和以勤制惰的道理。他说：

勤则寿，逸则夭。勤则有材而见用，逸则无劳而见弃。勤则博济斯民而神祇钦仰，逸则无补于人而神鬼不歆。是以君子欲为人神所凭依，莫大于习劳也。

曾国藩根据自己的亲身体验，认为懒惰不独为败事之兆，还是致病之源。“劳则善心生，逸则淫心生”，“天下百病，生于懒也”，“百种弊病皆从懒生”，这些都是他亲身体验的结果。这些病既包括为人处世的毛病，也包括身心的问题。

从生理学上讲，如果贪图安逸，肢体不经常活动，其柔韧性、抵抗能力都会大大降低，一旦有病菌侵入，就很容易生病。勤劳则在做事的同时，也锻炼了身体，实际上是一举两得。

从心理学上讲，一个人勤劳，不但锻炼了意志、毅力，在劳作的时候集中精力乐在其中，反而会觉得很愉快，所以曾国藩称"勤"是生动之气，而"惰"则是衰退之气。如果贪图安逸，说明此人没有远大理想，没有为实现理想而努力的意志，实则百无聊赖，心灵空虚，并无快乐可言。为了填补空虚，他可能要采取一些不好的行为，养成更坏的习惯，由此走向末路。

从某种意义上说，勤奋就是拼搏的代名词，一个人往往就是在与外界环境、与自己内心惰性的对抗中，找到属于自己的位置的。

美国作家杰克·伦敦的一生，充满了艰难与波折。在他的青少年时代，曾经到西部淘金，他忍受着别人难以想象的痛苦努力工作，而最后回到家乡时，他的囊中却仍然空空如也。他也曾在饭店洗过盘子，擦洗过地板，在码头、工厂里卖过苦力。有一天，他漫不经心地走进一家公共图书馆读起名著《鲁滨孙漂流记》时，他看得如痴如醉，并深深受到了感动。从此以后，一种读书的情绪便不可抑制地左右了他。他一天中读书的时间往往达到了10～15个小时，从荷马到莎士比亚，从赫伯特·斯宾塞到马克思等人的所有著作，他都如饥似渴地读着。

他渴望成为一名伟大的作家，在这一雄心的驱使下，他每天写5000字，这也就是说，他可以用20天的时间完成一部长篇小说。5年后的1903年，他有6部长篇以及125篇短篇小说问世。杰克·伦敦成了美国文艺界的最为知名的人物之一。

唯有勤苦经营自己事业，才有可能获得丰厚的回报，这个道理，很少会有人怀疑。只是人的天性都是喜欢安逸享乐的，这就需要我们学习自控，将生命的发条绷得紧一些。

当年曾国藩留在翰林院后，“本要用功”，但“日日玩憩，不觉过了四十余天”。此后的一段时间，他每天都是迎来送往，吃酒、读书、闲侃。所以他早期的日记每天都在检讨，但每天又都会故伎重演。显然这种品性，若不能自察自改，则无益于自己的目标，不能成就大事的。曾国藩认识到自己的病根在于“好名”、“希别人说自己好”。于是他坚持每日在寓所安心读书，减少一些不必要的应酬，慢慢就养成了勤勉的习惯。潜心的修炼，为以后的成名立业奠定了坚实的基础。

“勤能补拙是良训，一分辛劳一分才”。勤奋能越过暂时的失败和挫折，取得最后的成功。大凡有作为的人，无一不与勤奋的习惯有着难解难分的渊源。只要勤于工作，就会有成功的必然。

保持低调，才能保持长久

人站得越高，失势时跌得越重。所以在得意之时，为人切忌张扬，一是为了不授人把柄，给人攻击的机会；二是为了清洗自己和身边的人的不良习气，在某个位子上站稳脚跟。

曾国藩虽然位极人臣，手握重兵，却一向把勤谨和低调视为护官之符，立命之根。他说过："精力虽止八分，却要用到十分；权势虽有十分，只可使出五分"。这实在是为官和持家的至理名言，值得后人细细体味。

做官的人，比一般人办事方便得多；做大官的人，往往他还没有想到，就已有人帮他把事办好了。不仅他自己是这样，就是他的家人往往也是翻手为云，覆手为雨，无限风光尽被占。所以位高权重的人，就不能不对自己的行为特别小心，包括对自己家人的言语也当格外谨慎。

早在道光年间，曾国藩就嘱咐家人，千万不能到衙门里干涉公事。如果闯入衙门，一方面有失乡绅的气度，使曾国藩本人蒙受羞辱，同时还会使地方长官难堪，有时会被地方长官所鄙薄。所以他多次嘱托家人，即使自家有事，情愿吃亏，千万不可与他人构衅争讼，以免被地方长官怀疑仗势欺人。

曾国藩深知历史上许多高官都败在身边人手上，所以当他的叔父打着他父亲和他的旗号去干预地方公事后，他立即写信予以制止。并讲了一番此乃败家误国的道理。最初，他的叔父不以为然，甚至有些气愤，后来还是曾国藩的父亲搬出"祖训"来，他叔父才得以收敛。

官场上有一种习气,那就是“一人得道,鸡犬升天”。其实这里面隐藏着极大的隐患,家族兴盛的时候,固然耀武扬威、花团锦簇,一旦失势,则树倒猢狲散,对比之下,更觉凄凉。实在不如先把退路看明白了,让家人子弟都自食其力,才可以获得长久的安乐。

曾国藩成为湘军统帅后,他的几位弟弟都想借此时机一显身手。由于个人资质和努力程度有限,他们通过科举正途升官晋爵的希望非常渺茫,而这几个人又不甘心终身当个农民,所以争先恐后想到军营里。曾国藩认为家中不可无人操持,因此多次劝阻弟弟们回家,可是无人听从。后来他借曾国潢在军中的一次失误,说他不适合从军,硬是把他赶回了家,让他全力主持家政,教导子侄。曾国潢开始不服气,后来渐渐明白,也就没有怨言了。

即便这样,曾国藩依然没有放松警惕,唯恐家人的生活过于张扬奢侈,以致天怒人怨,带来不可预测的灾祸。

同治六年十一月四日,曾国藩在日记中反思道:“念吾平日以‘俭’字教人,而吾近来饮食起居殊太丰厚。昨闻魁时若将军言,渠家四代一品,而妇女在家并未穿着绸缎软料。吾家妇女亦过于讲究,深恐享受太过,足以折福。”

古人所谓“惜福”,是要预先磨炼身心,以增强在患难中的韧性。衣服不可太讲究,饮食不可太奢侈,住所不可太华美,处处留些余地。以防享受太过,骄纵了身体,以致后来受不得饥寒困苦。

另外,更重要的一个方面是要生活俭朴,爱惜物力之艰,这样就会起到避祸的作用。曾国藩生活的时期,是清朝300年间最乱的时候。太平天国起义后,波及十几个省份,江南半壁江山几乎改朝换代。经过战乱的洗劫,地方大户无不家破人亡,即使是江浙繁华之地,也是断壁残垣,荒无人烟。这些都是曾国藩亲眼所见,触目惊心。在动乱中,富户总是成为斗争的矛头。

同时，过于露富，会招来嫉恨。尤其在阶级矛盾激化的时期，如果再傲慢一些，欺凌贫户，更会成为千夫所指，一旦动乱发生，他们就会首当其冲，成为斗争的矛头。

这种观念，在今天依然有其现实意义。有多少贪官和为富不仁者，都是由于子弟、亲戚的招摇，才被顺藤摸瓜，一查到底。司马光曾经说过，“侈则多欲，君子多欲则贪慕富贵，枉道速祸；小人多欲则多求妄用，败家丧身；是以居官必贿，居乡必盗。”做人应当节制欲望，不多吃多占，安守自己的本分；只有这样，才不会成为众人的靶子。

什么样的家风，造就什么样的人

在一个家族内部，子弟们是精神振奋，努力求学做事业，还是夜夜笙歌，玩乐无度，最终决定了他们是靠吃前辈老底的庸人还是继往开来的成功者。

在每个成年人身上，他的思想观念、做事方式乃至言行举止，随处体现着他早期的环境与家教。曾氏家族之所以人才辈出，和曾家的家风有着密不可分的关系。

曾国藩涉世深、阅历广，博览群书，通晓古今，他深知奢侈腐败所带来的危害，因此，他身体力行戒贪心，他十分清楚，沉湎于家族权势之中的子女，往往骄纵，且甘居下游，所以他教育子女要兢兢业业，努力治学。他常对子女说，只要有学问，就不怕没饭吃，他还说，门第太盛则会出事端，主张不把财产留给子孙，子孙不肖留亦无用，子孙图强，也不愁吃饭的途径，这就是他所谓的盈虚消长的道理。由于曾国藩教子有方，不但培养出曾纪泽这样的外交家，而且，他的孙子、曾孙都是著名的学者和教授，因而曾国藩的为官之道和治家之道，有口皆碑，广为称誉。这也是曾国藩家族长盛不衰的关键所在。

面对生长在富贵之家的子弟们，曾国藩常有这样的忧虑："余家后辈子弟，全未见过艰苦模样，眼孔大，口气大，呼奴喝婢，习惯自然，骄傲之气入于膏肓而不自觉，吾深以为虑。"为了使后辈们学会约束自己，适应紧张朴素的生活，曾国藩把曾氏家族崇尚"早"字的家风发展到了极致。

曾国藩祖父星冈公曾玉屏所定的八字家规，其中第三字便是“早”，即早起之意。曾国藩自己制订了“八本”、“三致祥”的家规，其中之一就是“居家以不晚起为本”。在曾国藩的家书中，谈得较多的也是“早”字。为了敦促儿子养成早起的习惯，传承家风，他给新婚后的曾纪泽写信，列举了满清皇帝和曾氏先祖早起的美德，要求他向先人看齐，带头整肃家风。咸丰九年十月，他在家书中说：“我朝列圣相承，总是寅正（凌晨4点）即起，至今二百年不改。我家高曾祖考相传早起，吾得见竟希公、星冈公皆未明即起；冬寒起坐一个时辰，始见天亮。吾父竹亭公亦甫黎明即起，有事则不待黎明，每夜必起看一二次不等，此尔所及见者也。余近亦黎明即起，思有以绍先人之家风。尔既冠授室，当以早起为第一先务。自力行之，亦率新妇力行之。”

曾国藩的门生，李鸿章当时以早起为苦，若干年后，他才感到受用无穷。曾国藩去世后，李鸿章对曾国藩的女婿吴永说：“我老师实在厉害。从前我在他大营中，从他办事，他每天一早起来，六点钟就吃早饭，我贪睡总赶不上，他偏要等我一同上桌。我没法，只得勉强赶起，胡乱盥洗，朦胧前去过卯，真受不了。迨日久勉强惯了，习以为常，也渐觉不甚吃苦。所以我后来办事，亦能起早，才知道受益不尽。这都是我老师造就出来的。”

早起具有重要的作用，首先可锻炼一个人的意志；其次，早起焕发精神，吃早饭营养充足，白天做事效率较高。如果在一个家族中，人人都能早起，则可以显出振作有为的气象。

在一个家族内部，子弟们是精神振奋，努力求学做事业，还是夜夜笙歌，玩乐无度，最终决定了他们是靠吃前辈老底的庸人还是继往开来的成功者。

早年，在华人首富李嘉诚家里，每当星期天，李泽矩、李泽楷两兄弟必定会跟父亲出海畅游。这已是多年的老习惯了，像一日三餐一样不可或缺。

据李嘉诚所言：“每次出海时，他们一定要听我讲话。我带着书本，是文言文那种，解释给他们听，然后问他们问题。我想，到今天他们亦未必完全看得懂，但那些是中国人最宝贵的经验和做人宗旨。”

李嘉诚对儿子的培养，还不仅限于此。在泽矩、泽楷兄弟俩不满10岁时，李嘉诚就在会议室配有“专席”，让他的两位公子出席董事会议，接受最早的商业训练。

这件事，过了好多年后才被披露出来，有人不禁纳闷，不满10岁的孩子懂得什么？其实李嘉诚并不计较他们听懂了什么，重要的是让他们在商业氛围中受到熏陶。正如要培养一名音乐家，在襁褓时就要让他听曲子；造就一个航海家，在他学步之时就要让他到舢板里颠簸一样。

在商界，李嘉诚已是领袖级的人物，所以他培养下一代，能守业、会赚钱并不是最终目的，他期待在儿子身上，也能看到一种王者之风。李家兄弟在传统文化和商业气氛的熏陶中成长，即使在刚出道时，也会在业内树立起一种有根基、有内涵的形象，充分验证了那条“虎父无犬子”的名言。

对于我们这些平凡的人来说，与其羡慕那些世家子弟底子厚、起点高，由此做出了一些让人刮目相看的成就，不如静下心来，关注一下他们为个人的成长所做的努力。这对我们自己，或者对我们的家人子女都是有益无害的。

最大的关爱，是引领家人走上一条明路

“授人以鱼，不如授人以渔”，即使给家人留下万贯家财，也总有吃光用尽的时候，那么不如引导他们学习技艺、陶冶情怀、结交朋友、增加学问，让他们能够靠自己的本事立世。

不管作为朝廷高官还是封建家长，曾国藩给人的印象都是严正的，那么，身为一个有血有肉的凡人，他对家人子弟的关爱又是如何表现的呢？

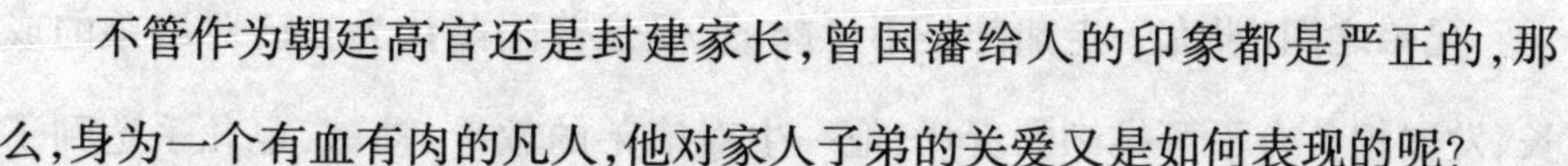

曾氏是个大家族，曾国藩共有4个弟弟。当年他坐困江西，一筹莫展之时，对家中老父和几个兄弟倍加思念。同样，在家里，曾国藩的父亲曾麟书更是思儿心切，一连数日，茶饭不香。曾国荃和曾国华终于憋不住了，去找父亲和其他的兄弟商议办法。大家计议，总觉得不能在家中干等，应该找人帮曾国藩一把。他们最后商定，将重点放在左宗棠、胡林翼的身上。于是，曾府给他们各发去一封信，请求他们组织援军以解救曾国藩和他的湘军部队。

在家人的努力下，终于组成三支救援队伍开到江西，曾国藩深深感到亲族血缘的关键与珍贵。但与常人不同的是，曾国藩对兄弟们爱之深，所以责之切，一心想带动他们成才，决不愿拿手中的权力给家人牟取私利。“弟有成则贺，弟有隙则谏；容弟误解己之为，但不容己纵容弟之错”，兄弟们有什么不对，他就会一针见血地指出来，即使让兄弟们心生误解，也在所不惜。曾国藩在诸兄弟之间，始终是一位如严父一般的好大哥。

有一次，曾国荃与曾国藩谈心，其中大有不平之气。曾国荃一下子给兄长提了很多意见。主要是说曾国藩在兄弟骨肉之间，不能造成一种生动活泼的气氛，不能使他们心情舒畅。曾国藩虽然稍稍劝止，但还是让曾国荃把话说完了，一直说到夜至二更。在此期间，曾国荃还给他提了许多别的意见，这些意见大都切中事理，曾国藩在一边侧耳倾听。

曾国藩的可贵之处在于，他不理论，也不辩解，而是让弟弟把话说完。既然人家有意见，你能堵住他的嘴，但堵不住他的心。有意见你就让他把话说出来，说出来了心中就没有不平之气了，如果你把他的话堵回去，这只能使他的不平之气更添一分，于人于己都没有好处。

兄弟之间，没有一点龃龉是不可能的，但是曾国藩认为自己对诸弟的成长、发展担负有不可推卸的责任，他一生对诸弟的教导、劝诫，也几乎达到了须臾不忘的境地，足见其耐心和忍性。

曾国藩不断给曾国华和曾国荃写信，介绍带兵、扎营和打仗的方法。还告诫他们，湘军的特色之一在于大量地招揽书生办理军务，因而必须设法处理好与这些绅士的关系。对于他们，不要吝惜薪资和奖励，如果发现有一个好的，就要大加称赞；如果发现有不好的地方，则要深藏不露。久而久之，他们就会为你所用。

曾国华和曾国荃一直随营军中，在兄长的教导下，很快都能独当一面。曾国荃后来立下赫赫战功，和兄长一同成为朝廷高官、封疆大吏。

同样，曾国藩在对儿子们的教导上，也堪称一个明师般的引路人。

曾国藩的长子曾纪泽少年时的生活，基本是在北京度过的，自幼他就对读书学习有兴趣，这同父亲曾国藩及其友人的影响有很大的关系。曾国藩游接名士，访求前辈所结交的不少师友来影响自己的儿子纪泽。湖南同乡刘蓉、陈源兖、郭嵩焘、袁漱六等人，都是早年知交，品行端谨，学风正派；名士吴廷栋、欧阳兆熊、邵懿辰、何桂珍，国学造诣深，与曾国藩交往频繁；后学之士如江忠源，是曾国藩引为自豪的门生；许多江南寒士门生也常去探望他。他们来到曾家，从治学路径到修身养性，无所不涉，谈经论道的气氛相当浓厚。曾纪泽耳濡月染，从中受到了不少熏陶。

到曾纪泽稍微长大些，曾国藩便有意识地培养他与大人交往，尤其是与那些有作为的人交往。在家书和日记中，经常看到曾国藩令曾纪泽设宴招待宾客的记载，这是给他与自己的幕僚、友人相结交的机会。因此之故，曾国藩死后，左宗棠、李鸿章、郭嵩焘等人与曾家少辈交往仍很多，而曾纪泽成为英法等国大使，就是李鸿章、郭嵩焘等人提名的结果。

“授人以鱼，不如授人以渔”，即使给家人留下万贯家财，也总有吃光用尽的时候，那么不如引导他们学习技艺、陶冶情怀、结交朋友、增加学问，让他们能够靠自己站稳脚跟。从这一点上我们可以看出，严正未必不是关爱，而娇宠却真正是误了自家的子弟。

第四章

妙用人:会做人福满身,会用人达天下

收之欲其广,用之欲其慎。

——曾国藩

对于位高权重的人,用人是给不同的位置选择不同的人才,然后合理调配,共同成其大业。当然,这里面还包括了对人的品格和性情的察识,对后进力量的提携和培养等,以逐步形成自己在人群中的凝聚力和影响力。

建功立业要靠众人帮

一个人再英明神武，他的力量也是有限的，那些真正的成功者，大都是人才的组织者。要成事，先用人，将各路贤才招至麾下，把各种力量拧成一股绳，则成功指日可待。

我们现在生活的社会是一张无边无际、大得难以想象的网。每一个人在这张网中都显得无比的渺小，只是其中一个结点，甚至连结点都算不上。而成功有一条规律，就是要借助其他人的力量，只凭一个人的能力，是很难取得成功的。“一个篱笆三个桩，一个好汉三个帮”。说的就是这个道理。

曾国藩出办团练，可说是百事待举，白手起家，后来湘军发展，事变至殷，尤需人才支撑。他深刻地认识到：“大厦非一木所支，宏业以众智而成。苟其群贤毕集，肝胆共明，虽金石可穿，夫何艰之不济？”又说：“人才以陶冶而成，不可眼孔太高，动谓无人可用。”要成事，先用人，只要将各路贤才招至麾下，把各种力量拧成一股绳，则成功指日可待。

曾国藩求贤若渴，在这方面，他是颇下了一番工夫的。在一揽人才的同时，曾国藩强调分辨良莠。他对曾国荃说：“弟常常以求才为急，其间冗者虽至亲密友，不宜久留，恐贤者不愿共事一方也。”既广求人才，又不博收杂进，分辨真伪，考察贤劣，这就取决于对选择人才的标准的认识。

当时国家内忧外患，从政治、军事到外交、经济，从中央到地方，从君到臣，都面临着空前的考验，是几千年未有的大变局时代。应对大变局，是和平之世中的普通人才所无法胜任的，这个时代需要的是新型人才，是龚自珍所说的“不拘一格降人才”的人才，这种人才最大的特点就是应对变局的能力，也就是曾国藩所说的能够“扶危济变”。所以，他的识人、用人方法也以“变”为基点。

曾国藩一直努力寻找“济变”人才。在他的幕僚中，有专门起草奏稿、公文的，如薛福成、黎庶昌；有专门出谋划策的，如李鸿章、刘蓉；有专门负责筹饷的，如李瀚章等。在他手下，还网罗了容闳、李善兰、徐寿、华蘅芳等新型知识分子，在传统意义上，这些人是算不上人才的，而曾国藩不仅用他们，而且极为赏识他们，从而使自己手下的人才结构实现了合理配置。

曾国藩幕府由于人数众多，范围广泛，加上曾国藩本人知人善任，故“几乎举全国之精华，汇集于此”。另外由于曾国藩的保举，许多幕僚都成了朝廷中的重臣，故一时间各方英杰无不以入曾幕为荣、为晋身之阶。在有名册所载的 89 名幕僚中，官至总督、巡抚、布政使、按察使及尚书、侍郎的，即达 30 人，成为左右政局的重臣。曾国藩的“台面”做得越大，他的僚属们越有希望，越有干劲儿。

在军事方面，曾国藩极重选将。他选将以“耐冷、耐苦、耐劳、耐闲”为标准，提倡“习苦为办事之本”，所选之人必须具有苦熬苦撑、拼斗到底的决心和勇气，必须具有“忠义血性”。同时，曾国藩对招募兵勇也同样非常重视。他招募兵勇主要是招募山野老实人，亦即朴实无华而土气的农民。曾国藩认为山野之民“朴实少心窍”，惯于吃苦耐劳，可以有效地提高部队的战斗力。

把曾国藩的成功归结为善于识人、用人，这是不无道理的。事实上，在各个领域里，那些取得令人瞩目成就的人，往往是最知道如何借助别人力量的人。

香港金融界巨人、新鸿基银行有限公司主席冯景禧先生，在20世纪五六十年代开始创业，他与友人一起开办了新鸿基地产公司。由于他善于经营，新鸿基很快就成为香港一家规模较大的房地产公司。1969年，冯景禧创办了新鸿基证券公司，并在新成立的远东股票交易所得到了一个席位。到了20世纪90年代，新鸿基银行资产已达42亿元港币。

冯景禧在事业上取得如此大的成就，除了他在经营上与欧、美公司联营，在经营策略上注重多为零散小户服务外，更重要的是冯景禧善于网罗人才和使用人才。新鸿基当年是香港人才的大本营，我们所熟知的商界女强人、著名财经小说作家梁凤仪，就曾经是冯景禧一手提携起来的爱将。冯景禧认为，财物欲尽其利，管理欲尽其力，这都少不了人才的力量。冯景禧采取"分权放权"的方法，充分利用人才，使他的事业如日中天。

一个人再英明神武，他的力量也是有限的，那些真正的成功者，大都是人才的组织者，众星捧月，那月亮才会更加明朗。

用人要先会识人

所谓识人之术，就是通过各个侧面，看清一个人的优长和短处在哪里，然后才谈得上量才使用。

个人的功业，是大众抬举出来的，招揽人才的道理，已经被我们充分认可了。但是用人并非只是以多为胜，拣到篮子里就是菜。用人，应该以“识人”为前提，也就是说，先看清一个人的优长和短处在哪里，然后才谈得上量才使用。

《清史稿·曾国藩传》中评道：“至功成名立，汲汲以荐举人才为己任，疆臣阃帅，几遍海内。”那么，曾国藩最独到的秘诀又是什么呢？这里面最关键的一点是，看到一个人身上最本质的东西，然后把他放在最恰当的位置上，做到物尽其用，人尽其才。

有一次，在淮军刚刚建立时，李鸿章带领三个人来拜见曾国藩。正好曾国藩饭后散步回来，李鸿章准备请他接见一下那三个人，曾国藩摆摆手，说不必再见了。李鸿章奇怪地询问为什么，曾国藩说：“那个进门后一直没有抬起头来的人，性格谨慎、心地厚道、稳重，将来可做吏部官员；那个表面上恭恭敬敬，却四处张望，左顾右盼的人，是个阳奉阴违的小人，不能重用；那个始终怒目而视，精神抖擞的人，是个义士，可以重用，将来的功名不在你我之下。”那个怒目而视、精神抖擞的人，即后来成为淮军名将的刘铭传。

曾国藩的识人之法是很有道理的。一般而言，容止庄猛的，勇武刚健、

果敢决断;容止沉稳的,谨慎有节;容止端庄的,肃敬威严、耿介忠直;容止安详娴静的,坦荡无私。容止不正,其人心怀他念,需要考察这种人的真实动机和想法;容止正派,其人内心纯粹,心无旁杂,往往不会轻易地见利忘义。在识人方面,曾国藩颇精于相术,他言道:“邪正看眼鼻;真假看嘴唇;功名看气概;富贵看精神;穷通看指爪;寿夭看脚踵;若要看条理,全在语言中。”他并非完全“以貌取人”,而是貌相与谈吐相结合,每逢选吏择将,他必先面试目测,审视对方的相貌、神态,同时又注意对方的谈吐行藏,二者结合,判断人物的吉凶祸福和人品才智。这个标准一直贯彻于他为官从政的始终,从未改变。

这种观察人的方式,其实是有一定的科学道理的。在我们的传统文化中,有一种看相的方法,叫“神相”或“心相”,有句名言为:“有心无相,相逐心生。有相无心,相随心灭。”一个人思想转变了,形态就会转变,譬如我们说一个人快发脾气了,是怎么知道的呢?因为从他相上看出来了,他心中有火,神经就紧张,样子就变了。有一种说法,印堂——两个眉尖中间的距离——很窄的人度量一定小,印堂很宽就是度量大,这是什么道理?有人稍遇不如意事,就皱眉头,慢慢的印堂的肌肉就紧缩了,印堂就变窄了。

据说曾国藩共有十三套学问,流传下来的只有二套,一是曾国藩家书,另一套是曾国藩看相识人的学问——《冰鉴》这部书。他的识人术,就是外形和内在的互相昭示,比如说“寿夭看脚踵”,命长不长,看他走路时的脚踵。那种走路时脚跟不点地的人,第一是中气虚弱,寿命不长;第二是聪明浮躁,所以交代他的事,他做得很快,但不踏实。“若要看条理,只在言语中”,一个人思想如何,就看他说话是否有条理,有逻辑性,这种看法也是很科学的。

中国这套学问也叫“形名之学”,在魏晋时就流行了。有一部书叫《人物志》,魏代刘劭所著,是专门谈论人的,换句话说就是“人”的科学。最近流行的人事管理，职业分类的科学，这些都是从外国来的。我们的《人物志》也很好，是真正的“人事管理”、“职业分类”，详细地指出哪些人归哪一类。

所谓识人之术，其实也是古人一种察人经验的独特总结，排除其中一些主观迷信的成分，还有一部分谁也无法否定的合理性，那是科学和智慧的结晶。尤其是像曾国藩那样既有人生智慧又有实际经验的人物，察人之法是深刻而现实的。弃其糟粕，取其精华，对于成就我们的人生是大有好处的。

用人之可用之处，不求全责备

要得到众人的帮扶，就要广交天下人才，而一样米养百样人，每个人都不免有自己才能和性格上的缺失，这就需要我们有全局性的眼光，不计较他人小节上的不足。

“得民心者得天下。”在中国几千年的历史里，不管是盛世明主还是乱世英雄，没有不知道这个道理的。其实现今社会也一样，大凡功成名就的人，都具有很好的“人气”，就是这些好“人气”，成就了他们的事业。

要得到众人的帮扶，就要广交天下人才，而一样米养百样人，每个人都不免有自己才能和性格上的缺失，这就需要我们有全局性的眼光，不计较他人小节上的不足。

曾国藩办团练从手中没有一兵一卒，到广泛收揽湖南各处的湘军，成为各路将领的领袖人物，这些都得力于曾国藩坦荡的胸襟和识才善用的本领。他极力提倡“待人以诚，待人以恕”，因此有人评论说：“虽尽立天下之人，尽达天下之人，而曾无善劳之足言，人有不悦而归之者乎？”也就是说在曾国藩帐下，所有的人才都各尽所能，功成名就，而他却不夸示自己的功劳，人们能不心悦诚服地为其所用吗？曾国藩常常告诫他的幕僚和兄弟，“凡有一技之长者，断不可轻视”。成人之美，不成人之恶，是宽以待人的道德要求。对人不要求全责备，不要有偏见，每个人都有做错事的时候，如苛刻要求，恐怕就没有朋友，更谈不上为己所用了。“水至清则无鱼，人至察则无徒”。说的就是这个道理。

在心灵手巧的主妇那里，没有浪费的钱财器物；在善于识人用人的贤者面前，没有容不下、用不了的人。曾国藩在《人物志》和基础上总结出 8 种用人之术，对于今天的社会依然有其实际意义。

1. 王化之政，宜于统大，以之治小则迂

王化之政，也就是以德行教化为主的政治适合全面的管理，用来处理一些事务性工作则难免有迂腐之嫌。

2. 器能之政宜于治烦，以之治易则无益

精明强干的人，是独当一面的器能之才。他们有精力和智慧去开创局面，治理繁难之处，不适合管理平常之事。

3. 策术之政宜于治难，以之治平则无奇

这种人足计多谋，最适合于乱世中生存发迹，但在和平安定、无所纷争的环境下，他们却难以找到发挥其智慧的用武之地。

4. 法家之政宜于治侈，以之治弊则残

手段强硬的人整治腐败和歪风邪气，会收到良好的社会效果，如果用同样严厉的方法来治理贫困地区，因手段残酷，反而搞得人心惶惶，民不堪命。

5. 智意之才宜于治

有些人智谋有余而魄力不足，他们善于周旋调停，是参谋人才，不适合自己主事。

6. 苛刻之政宜于纠奸，以之治边则失众

这类人才公正无私，不讲情面，适于追奸查污，而如果派往不安定的边境地区，则很容易惹出乱子。

7. "威猛之政宜于讨乱，以之治善则暴"

豪杰之士威猛刚强，处理问题大胆果断，不怕困难和压力，适于征乱讨伐，如果来管理善良百姓，则过刚过暴。

8.“伎俩之人宜于致富，以之治贫则劳而下困”

这类人才智谋多变，适于管理富饶之地，而贫乏的地方就应派实打实干的为民谋福利的人才去管理。

当然，空有一套用人的理论，如果在实践上出了差池，不仅理论得不到真正的贯彻，还会使人才得不到适当的任用，最终既做不好事情，也留不住人才。

曾国藩在这一点上就十分慎重，据说，凡到他的大营投效的人，他都先发给少量薪资使他们安心留下来，然后再一一接见，进行观察。有胆气血性者令其领兵打仗；胆小谨慎者令其筹办粮饷；文学优长者办理文案；讲习性理者采访忠义；学问渊博者校勘书籍。在幕中经过较长时间的观察和了解，对每个人的特点都有了相当的把握之后，他再根据具体情况，保以官职，委以重任。为了使贤才学用一致，他十分重视幕僚的工作安排。对于擅长治军者，便安置到营务处，使其历练军务以为他日将才之备；对于精于综核者，便安置到粮台、转运局、筹饷局等机关，使其学习筹饷、理财、运输等工作；对于善于创造者，便安置到制造局，做造舰制炮工作。总之，务使人人能尽其用、尽其才。

现实生活中，每个想做出一番事业的人，靠单打独斗是无法取得成功的。最理想的局面，是有一些能力既强，性格又沉稳，品格又高尚的人来支持和帮助我们，可惜的是，这种人在现实中凤毛麟角，可遇而不可求。那么不如把目光放在他人的闪光点上，多一点理解，少一点苛刻，从全局的高度来分析问题和解决问题。

用人要让人看到实际的利益

如果没有实际的利益，谁都不愿意浪费自己的精力和资本。相反，一个人要想借用别人的力量，为自己的事业服务，就必须摆出切实的利益，来吸引别人的注意力，并通过利益来调动他人的积极性。

无论在什么社会中，实际的利益对人都有着强烈的吸引力，如果没有实际的利益，谁都不愿意浪费自己的精力和资本。天下没有免费的午餐，要与人合作，赢得他人的信任，就不能总是空口说白话。看得见、摸得着的实际利益，更能调动人们的积极性，让对方全心全意为自己所用。

曾国藩在用兵上，主张以“利”来获得军心，以厚赏来得兵将之勇。因此他不惜精力，多方努力，坚持实行了一种厚饷养兵的统军方式，使其得到了一支勇猛无比的军事力量，这是他军事上成功取胜的一个重要原因。

曾国藩认为，绿营兵腐败无能的一个主要原因，在于兵饷太低。绿营步兵月饷银一两五钱，绿营的守兵月饷一两，绿营马兵月饷二两。这种情况在清朝初年，勉强可以维持生活，至道光以后，米价上涨，绿营兵饷已不够维持五口之家的食用了。因此绿营兵就不得不经常出营寻求生计，便忽视了在营训练，最后导致战斗力低下。绿营军官为了聚敛财富，也常常克扣军饷或冒领军饷，导致绿营军军心不稳。

而湘军的军饷是相当优厚的，湘军士卒的月饷几乎是绿营兵月饷的3倍或3倍以上。统计各项总收入，营官每月为二百两，分统、统领带兵三千人以上者每月为三百九十两，五千人以上者五百二十两，万人以上者六百五十两。

湘军银饷，除个人生活外，还可贴补家用，因此他们能够安心操练，提高战斗力，一改绿营兵因口粮不足，而常常离营兼做，荒于训练的弊病；同时，曾国藩也希望通过给将领高的收入，来减少克扣兵饷事情的发生，达到“养廉”的目的。曾国藩如此厚饷养兵，自然“陇亩愚氓，人人乐从军，闻招募则急出效命”。于是，当兵——卖命——发财成了穷苦农民的第二职业，湘军也成为一支骁勇善战的队伍。

除了兵将，曾国藩幕府里还养了众多幕僚，大有战国时平原君、春申君的风范。这些幕僚都是文人，有的还是鸿儒，名声很大，乃至列入当时的“三圣七贤”。这样的人，靠一些小利是难以笼络的，于是曾国藩就用更高的名位拴住他们的心。

曾国藩从军之初，“不妄保举，不乱用钱，是以人心不附”如1854年曾国藩带兵攻下武汉，“仅保三百人”，受奖者仅占3%。而胡林翼攻占武汉一次即保奏“三千多人”，受奖人数达到百分之二三十。消息传开，不少人认为欲求官职投曾不如投胡，因此曾国藩挽留不住的人员纷纷主动投奔胡林翼门下。对此，好友刘蓉多次向曾国藩进言，并举楚汉之争时，刘邦敢于给官所以成，项羽吝于封赏所以败的道理为例，曾国藩有所触动。

于是，曾国藩“揣摩风云，一变前志”。从1856年起开始效法胡林翼，大保幕僚，不再拘于旧例。湘军每攻占一城、夺回一地或打一胜仗，曾国藩就办一次汇保之案，在奖励作战有功人员的同时，也以劳绩奏保一部分办理粮台、文案、善后诸务的幕僚。随着他逐渐掌握实权，门庭扩大，尤其是出任两江总督、钦差大臣后，曾国藩既有地盘又得清廷倚重，所举荐人员，无不获朝廷恩准。这一时期，曾国藩奏保人数之多，官职之高，都是空前的。

武人给钱，文人给官，这就是曾国藩的励士之法，平心而论，曾国藩的做法是对的，因为“凡为大事者皆有大欲”，欲望得不到满足，动力从哪里来呢？

所谓不见兔子不撒鹰，如果没有实际的利益，谁都不愿意浪费自己的精力和资本。相反，一个人要想借用别人的力量，为自己的事业服务，就必须摆出切实的利益，来吸引别人的注意力，并通过利益来调动别人的积极性，帮助自己成就一番事业。以利益驱动他人，帮助自己，这是一种高明的做事手段。

管仲是春秋时期著名的政治家、军事家和经济思想家。他刚担任齐国宰相时，政治上没有一点成绩，齐桓公就询问原因。管仲回答说：“我地位虽高，但我依然贫穷。穷人无法指挥有钱人。”齐桓公说：“给你可以迎娶三个妻子的家用吧。” 过了一段时间，国政还是没有治理好，齐桓公又向管仲询问原因。管仲回答说：“我虽然有了钱，但我的身份却很卑微，使我无法管制高贵的人。”齐桓公立即任命他为上卿，步入贵族的行列。其后，齐桓公又尊管仲为“仲父”。从此，由于齐桓公满足了管仲的要求，给予管仲无比优厚的物质待遇和高贵的地位，使管仲有职有权，可以毫无顾忌地施展身手，齐国国政很快上了正轨。后来齐桓公成为春秋五霸之一，就是得力于管仲的辅佐。

待遇是启动人才的有力杠杆。给予人才丰厚的待遇是理所当然的。人才水平高，对国家以及社会贡献大，多劳多得，无可非议。丰厚的物质待遇是吸引人才的重要条件。有才能的人对执政者的要求，除了希望提供充分施展才干的广阔天地外，再就是希望能得到与才干相称的待遇。要用人，就得解除人才的后顾之忧，主动替他排忧解难，为人才创造一个舒心的工作环境。没有人不关心自己的利益，所以说，我们要用实际行动，拿出真正的利益，调动别人的积极性，这样做远远胜过千言万语的分析和讲述。

以诚换诚，凝聚人心

名利二字，只可用来笼络一般的俗人，对于真正的贤士来说，却未必有用。对人才的吸引力，主要表现为待人以诚，要相互敬重，用真诚来沟通感情。

俗话说：不能服众者必不能成大事。作为一个领导人必须具有团结人才、组织人才的能力，才能够以宽阔的胸怀宽容人，以坦荡的胸怀团结人，能够担负起对下属的责任，才能让人为己所用，成就一番事业。

在对待他人时曾国藩主张要有礼貌，要相互敬重，用真诚来沟通感情。名利二字，只可用来笼络一般的俗人，对于真正的贤士来说，却未必有用。他认为有了诚，便自会见信于他人。

在与左宗棠的交往过程中，二人有过合作和欢笑，也有过矛盾和冲突。曾国藩为人拙诚，语言迟讷，左宗棠恃才傲物，以当今诸葛亮自命，语言尖刻，锋芒毕露。咸丰四年(1854年)，曾国藩初次出兵攻打太平军，败于靖港，自尽未遂，回到省城，垂头丧气。左宗棠到曾国藩的船中探视他，直言不讳，指责曾国藩临事退缩，非大丈夫之所为。曾国藩只是闭目不语。咸丰七年(1857年)二月，曾国藩在江西瑞州营中闻老父去世，立即返乡。左宗棠认为他不待君命，舍弃部队奔丧，是绝不应该的。由于二人性情见解各异，再加上各自的地盘意识、战功的分配问题，遂使两个人断交，隐隐有种水火不相容之意。

第二年，曾国藩奉命率师援浙，路过长沙时，特地登门拜访左宗棠，并集“敬胜怠，义胜欲；知其雄，守其雌”12 字，求左宗棠篆书，表示谦仰之意，使两人一度紧张的关系趋于缓和。

后来，左宗棠因查办一起贪污案，遭人陷害。经此变故，左宗棠深感京中不可久住，不得已，沿江而下，投靠曾国藩。曾国藩宽宏大量，不计前嫌，热情接待了左宗棠，并与他连日商谈战事。在左宗棠极其潦倒的时候，向他伸出了援助之手。后来曾国藩上奏朝廷举荐左宗棠，清廷接到曾国藩的奏章后，谕令左宗棠“以四品京堂候补，随同曾国藩襄办军务”，左宗棠因而正式成了曾国藩的一个幕僚。曾国藩随即让他回湖南募勇开赴江西战场。过了几个月，左宗棠军在江西连克德兴、婺源，曾国藩立即专折为他报功请赏，并追述他以前的战绩，左宗棠因此晋升为候补三品京堂。后曾国藩又恳请朝廷将左宗棠襄办军务改为帮办军务。同治二年（1863 年），左宗棠被授为闽浙总督，仍为浙江巡抚，从此与曾国藩平起平坐。3 年之中，左宗棠由被人诬告、走投无路，一跃成为疆吏大臣，如此飞黄腾达，一方面出于他的才能与战功，但同时也与曾国藩以诚相待、全力扶持分不开。

种下什么样的种子，就会发出什么样的根芽。后来曾国藩去世，左宗棠就曾这样用联挽曾国藩：“谋国之忠，知人之明，自愧不如元辅；同心若金，攻错若石，相期无负平生。”像左宗棠这样恃才傲物的人难得对他人如此推重，这也从一个方面，印证了曾国藩的人格魅力。

曾国藩以诚换诚、凝聚人心的故事，其实数不胜数。

1853 年，曾国藩初建湘军水师时，彭玉麟、杨载福二人出力良多，而请彭玉麟出山则是通过“三顾茅庐”的方式实现的。彭玉麟是清末的一个传奇人物，年轻时被传为刚直而又多情的“奇男子”，投军之时被称为“不怕死，不要官”的名将。曾国藩打听到彭玉麟的为人，尤其是他熟读《公瑾水战法》，生在蒸水之滨，水性好，跑马射箭、枪法、拳术也都有功底，曾临战有功而不受赏。于是曾国藩派人请他参加湘军，做水师将领。几次派人去请，彭玉麟也不受命。后曾国藩仿效刘备三顾诸葛的故事，亲往彭玉麟处相请。曾国藩见这位年近40的汉子，依然长身玉立，英迈娴雅，十分敬佩。乃温言相劝，多方激励，终请得彭玉麟出山，做了水师的一个营官。杨载福，水性极佳。曾国藩办水师，把杨自长沙绿营中调为水师营官。彭玉麟、杨载福入水师，为湘军水师的建设大出其力，成为湘军水师齐名的两个统领。至1854年2月，湘军水师终于练成。随后随着战事的日益发展和湘军的日益扩大，幕府人物也渐积渐多，“几乎举全国人才之精华，汇集于此”。它被誉为清中叶后人才的渊薮，实不为过。

人才是人中之精华，因此，人才难得，尤其在白手起家而社会关系不足的条件下更是如此。对人才的吸引力，主要表现为待人以诚。这个“诚”字体现在对自己孜孜以求的人才保持耐心，始终不愠不火，恭敬有礼，相信总有一天会攻克对方心中的壁垒。

现在有些人喜欢运用巧诈，其实，人际关系的基本原则，古今无多大差别。喜欢诈术的人，虽然能一时欺瞒别人，也能获得利益。但是，久而久之，就一定会露出马脚，失去别人对他的信赖，最终不但获利不多，反而损失更大。而拙诚的人也许不会一下子就抓住人心，但是时间一久，他的诚意就会逐渐渗入人心，赢得大家的信赖，从而获得事业的成功。正可谓“路遥知马力，日久见人心”。

要用好人，需懂得刚柔相济

要把人用好，不能不讲些策略。总是老好人一个，会纵容手下人的骄纵之心、轻慢之气，很难树立起自己的权威。所以要讲“驭人”，就要有恩有威，有柔有刚，让人从心里服帖。

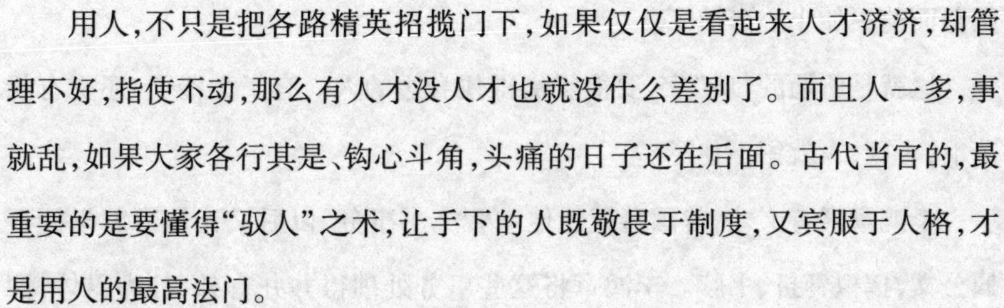

用人，不只是把各路精英招揽门下，如果仅仅是看起来人才济济，却管理不好，指使不动，那么有人才没人才也就没什么差别了。而且人一多，事就乱，如果大家各行其是、钩心斗角，头痛的日子还在后面。古代当官的，最重要的是要懂得“驭人”之术，让手下的人既敬畏于制度，又宾服于人格，才是用人的最高法门。

要管住人，手段太硬不行，高压政策下，反抗力反而大，对事业没有好处；完全不用手段，老好人一个，则会惯出手下人的骄纵之心、轻慢之气，很难树立起自己的权威。所以讲“驭人”，就要有恩有威，有柔有刚，让人从心里服帖。

当年李鸿章初到曾国藩的幕府时，曾被曾国藩所拒绝。其实，曾国藩并不是不愿接纳李鸿章，而是看李鸿章心地高傲，想打一打他的锐气，磨圆他的棱角。所以当李鸿章二次重来时，曾国藩就把他收归麾下。

曾国藩很讲究修身养性，规定了“日课”，其中包括吃饭有定时，即使在战争时期也不例外。而且，按曾国藩的规定，每顿饭都必须等幕僚到齐方可开始，差一个人也不能动筷子。曾国藩、李鸿章，一个是湖南人，一个是安徽人，习惯颇有不同。曾国藩每天天刚亮就要吃早餐，李鸿章则不然。因其不惯拘束的文人习气，且又出身富豪之家，对这样严格的生活习惯很不适应，每天的一顿早餐着实成了他沉重的负担。一天，他假称头疼，没有起床。曾国藩派弁兵去请，他还是不肯起来。之后，曾国藩又接二连三地派人去催他。李鸿章没有料到这点小事竟让曾国藩动了肝火，便慌忙披上衣服，匆匆赶到大营。他一入座，曾国藩就下令开饭。吃饭时，大家一言不发，饭后，曾国藩把筷子一扔，板起面孔对李鸿章一字一顿地说："少荃，你既然到了我的幕下，我告诉你一句话：我这里所崇尚的就是一个'诚'字。"说完，拂袖而去。

李鸿章何曾领受过当众被训斥的滋味，心中直打战。从此，李鸿章在曾国藩面前更加小心谨慎了。

这就是所谓的"威"字，要能震慑得住身边的人。有了大棒子，还要有胡萝卜，否则，人就留不住了。

李鸿章素有文才，曾国藩就让他掌管文书事务，以后又让他帮着批阅下属公文，撰拟奏折、书牍。李鸿章将这些事务处理得井井有条、甚为得体，深得曾国藩赏识。几个月之后，曾国藩又换了一副面孔，当众夸奖他："少荃天资聪明，文才出众，办理公牍事务最适合，所有文稿都超过了别人，将来一定大有作为。'青出于蓝而胜于蓝'，也许要超过我的，好自为之吧。"

这一贬一褒，自然有曾国藩的意图。而作为学生的李鸿章，对这位比他大 12 岁的老师也是佩服得五体投地，他曾对人说："过去，我跟过几位大帅，糊里糊涂，不得要领，现在跟着曾帅，如同有了指南针。"

陈国瑞作战异常骁勇，几经辗转被收在曾国藩部下。据说一次打仗时，炮弹击碎了他手中的酒杯，他不但不避，反而抓起椅子，端坐在营房外，高叫"向我开炮"，使手下都很敬畏他。

有本事的人，难免就有脾气。一次，陈国瑞部和另一名淮军悍将刘铭传部冲突起来,发生了械斗。事情闹到曾国藩那里,曾国藩感到只有让陈国瑞真心地服自己,才有可能在日后真正地使用他。

于是,曾国藩拿定主意,先以凛然不可侵犯的正气打击陈国瑞的嚣张气焰,继而历数他的劣迹暴行,使他知道自己的过错和别人对他的评价。当陈国瑞灰心丧气、准备打退堂鼓时,曾国藩话锋一转,又表扬了他的勇敢、不好色、不贪财等优点,说他是个大有前途的将才,切不可以莽撞自毁前程,使陈国瑞又振奋起来。紧接着,曾国藩坐到他面前,像与儿子谈话那样谆谆教导他,给他订下了不扰民、不私斗、不抗令三条规矩,一番话说得陈国瑞口服心服,无言可辩,只得惟惟退出。

但是,陈国瑞莽性难改,此后又发生了不服调遣的事,把曾国藩的教诲抛在脑后。这一次,曾国藩马上请到圣旨,撤去陈国瑞帮办军务之职,剥去黄马褂,责令戴罪立功,以观后效,并且告诉他再不听令就要撤职查办,发往军台效力了。陈国瑞一想到无酒无肉、无权无势的生活,立即表示听曾国藩的话,率领部队开往指定地点。

曾国藩驾驭属下,无外乎用两种手段,或刚柔相济,或外严内宽。既有苦口婆心的谆谆教导,又有公事公办的严正手段,终于赢得天下归心。

选择朋友是人生第一要事

朝夕相处，形影不离的好朋友，必定在思想、言论、行动等各方面相互影响，这种耳濡目染的力量是绝不能低估的。甚至可以夸张点说，交上怎样的朋友，就会有怎样的命运。

当今社会上有“做人要学曾国藩”之说，曾国藩的处世经可以说是他广交朋友的处世经。1864 年 7 月 20 日，曾国藩在写给他的次子曾纪鸿的信中说：选择朋友是人生第一要事，必须选择志趣远大的人。

曾国藩的“立功、立言、立德”可以说是在朋友的相互砥砺和影响下取得的，因此，他深刻地领会到了人生择友的重要性。所以无论是在生活、为学，还是在事业上都时时注意广交益友。这一点在他京城的 13 年生活中，有充分体现。他当时经常往来的朋友有：

刘传莹，湖北汉阳人，专攻古文经学，精通考据。曾国藩通过与刘传莹的交往，大大弥补了自己古文字上的不足。1846 年，曾国藩在城南报国寺养病，于是便向他请教古文经学与考据。刘传莹也正因为自己只在古文经学方面有造诣，遂向曾国藩请教理学。于是，二人互相切磋，取长补短，成为挚友。

何绍基，字子贞，精通书法，擅长吟咏。曾国藩与其交往中，觉得何绍基所长，正是自己的不足。从此以后，他非常重视写作和赋诗。

另外，他还经常与吴廷栋、何桂珍等人讨论理学，向邵懿辰请教今文经学。

这些朋友，在京城都颇有名气。同他们交往不仅增长了学识，也大大提高了曾国藩在京城的个人声望。他在家书中称自己“昔在京中颇著清望”。这也是他在京城迅速发迹的原因之一。

曾国藩所交益友，对他的人生及事业起了重要作用。其中有给他出谋划策者，有赏识提拔者，有危难之时，两肋插刀者。他们从各个角度烘托着他的事业。

因此曾国藩说，凡做好人，做好官，做名将，俱要有好师、好友、好榜样。在人生的关键时刻，有许多人是靠朋友的一臂之力而开创了新局面，也有许多人在朋友的感染下而走入人生正途。人与人的交往不能是无功利的，但又不能全是功利的，尤其是交友。如果能够与朋友取长补短，我们将获得长足的进步。

早在求学期间，杨致远和费罗就在斯坦福大学搭档做过研究作业。杨致远回忆说：“多亏费罗，(有的)作业几乎是他独自完成，我根本没做什么事。所以从那时起，我就知道以后要多跟这家伙合作。”当然自此之后，杨致远就“常和这家伙合作”。很快地，两人成了合作无间的最佳拍档，杨致远和费罗可以说是互补型人才。杨致远喜欢交际，思考，社会活动能力极强，在团体中常是领导者，而费罗则知识渊博，工作扎实，很内敛。若以科技智囊形容杨致远，那么费罗可称作科技天才。

“近朱者赤，近墨者黑”，交友要谨慎，对待朋友要以诚相待，将心比心。只要你对值得结交的朋友信任，又彼此互爱互助，那么朋友将是你人生路上一笔取之不尽、用之不竭的财富。

我们所处的环境和结交的朋友，对我们的一生会产生很大的影响，甚至可以说，交上怎样的朋友，就会有怎样的命运。朝夕相处，形影不离的好朋友,必定在思想、言论、行动等方面相互影响,这种耳濡目染的力量绝不可低估。因此,在选择朋友时,你要努力与那些乐观正直、富有进取心、品格高尚和有才能的人交往,才能保证你拥有一个良好的学习和生活环境,获得丰富的精神食粮以及朋友的真诚帮助。这正是孔子所说的"无友不如己者"的意思。相反,如果你择友不慎,结交了那些思想消极、品格低下、行为恶劣的人,你就会陷入这种恶劣的环境难以自拔,甚至受到恶友的连累,无辜受难。

朋友是一个人除家人、亲戚之外的第三层身份背景,朋友之间相互学习的过程,就是一种相互提携的过程。人的一生如果结交了好的朋友,就可以患难与共,相互砥砺,不仅可以成为情感的慰藉,也可以成为事业成功的基石。

第五章

知进退：人越成熟，越要不断调试自我

盛时常作衰时想，上场当念下场时。富贵人家，不可不牢记此二语也。

——曾国藩

人生于世，光懂得如何“立功”还不够，更要紧的是懂得保全自己。在曾国藩的一生中，有权重一时、万人瞩目的荣耀，也有上天无路、入地无门的困窘，但他却能够一一应对化解，并且把福泽留给家人后代，这都是他能够自如地把握好自己屈伸进退的节奏的缘故。知进退，可以使我们在面临人生大计的时候，保持警醒，从而做出恰如其分的选择。

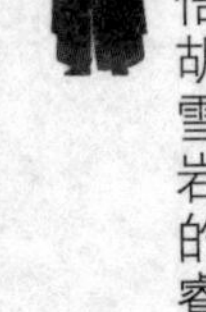

能立得起也能伏得下的才是高人

人贵有刚性,能自强自立,但是当与外界的人或事落落难合时,就是应当检讨自己的时候了。真正的高人,能够适应形势的变化,在任何环境中都可进可退、应付自如。

要想做成一番事业,自当是有股子锐气。人生的战场,并不是只为某个人设立的,当一个人的思想观念、做事方式在社会上碰壁时,他是从此一蹶不振,还是打起精神、换个方向卷土重来,最能考验出他的意志与人生态度。

所谓"大丈夫能屈能伸",我们想要走得更远一些,就不能以一时一事的顺利或坎坷为念,也不应为一时的成败所困扰。只有这样才是一种积极的人生态度,也是做大事的人必备的素质。

曾国藩是大清朝廷倚重的大臣,但是在"家天下"的岁月里,君威难测,一不小心不合上意的话,轻则丢官罢职,重则性命堪忧。即使沉稳谨慎如曾国藩,也有触犯君威的时候。在对太平天国的战事中,清廷催曾国藩赴援外省,前去配合绿营军作战。曾国藩从全局考虑,以为不能草草出兵。咸丰帝即以讥讽的口吻在奏折上批道:"今览你的奏章,简直以为数省军务一身承当,试问汝之才力能乎否乎?平日矜诩自夸,以为天下人才没有超过自己的,及至临事,果能尽符其言甚好,若稍涉张皇,岂不贻笑于天下。"在咸丰帝看来,曾国藩的举动不过是无知书生的好高骛远和自我吹嘘。

自古以来,做尽节的忠臣容易,做死谏的直臣也容易,拼尽一腔热血,勇往直前也就是了。但是既要为国家出力，又不能打乱自己的安排布置，则需要一番功夫了。面对咸丰帝严厉而嘲讽的口吻，曾国藩既不舍命硬抗，也不急惶惶地出兵。他重新上了一道奏折，详细陈述船炮未备、兵勇不齐的情况之后，诚恳地表示："皇上如果责臣以成效，则臣惶悚无地，与其将来毫无功绩受大言欺君之罪，不如此时据实陈明受畏葸不前之罪……为臣请皇上垂鉴，怜臣之进退两难，诫臣以敬慎，不遽责臣以成效。臣自当殚尽血诚，断不敢妄自矜诩，亦不敢稍涉退缩。"

咸丰皇帝看了奏折，深为曾国藩的一片"血诚"所感动，从此不再催其赴援外省，并以朱批安慰他说："成败利钝固不可逆睹，然汝之心可质天日，非独朕知。"一场风波，就此化解无形。

人贵有刚性，能自强自立，但是当与外界的人或事落落难合时，就是应当检讨自己的时候了。否则，位置站得越高，就会摔得越重。

曾国藩自从咸丰七年(1857 年)二月奔丧回家，到咸丰八年(1858 年)再度出山，曾有一段居家赋闲的时间。在这一年多当中，是曾国藩一生思想、为人处世的重大调整和转折的时期。这段时光中，他反复痛苦地回忆、检查自己的前半生。自入仕途，对自身的修养一丝不苟，奋发向上，关心国事民情，白手建军，两袖清风，出生入死，一身正气，为什么皇上反而不信任自己？为什么上至朝廷，下至府县，都有那么多人嫉恨自己？

经过认真的反思之后，曾国藩发觉过去自己做事处处直截了当，用的是儒家的至诚和法家的强权，结果处处碰壁。要想变，非得用"大柔非柔，至刚无刚"的老庄之道不可。

咸丰八年(1858 年)，一度郁郁不得志的曾国藩再次出山。出山后，曾国藩首先去见了骆秉章和左宗棠，而且遍拜长沙各衙门，连小小的善化县衙他也亲自造访。堂堂湘军大帅，如此不计前嫌、谦恭有礼的举动，使长沙上下的官场人人都感到再次出山的曾国藩的确像换了个人。既然曾大帅如此谦恭，他们也纷纷表示全力支持湘军，要兵给兵、要勇给勇、要饷供饷。曾国藩在长沙逗留十几天，随后乘船又到武昌。武昌城里的官员也无不表示对曾国藩的支持，随后，曾国藩沿江东下，到黄州府下游50里处的巴河，这里驻扎着彭玉麟的数营水师，湘军大将彭玉麟、杨载福、李续宾、曾国华等人都集中在这里，曾国藩与这些阔别一年多的部下商量军机大事，气氛十分的和谐融洽。

自此之后，曾国藩的做人行事作风，由前时的方正，变为后来的圆通。曾国藩大彻大悟后的巨大改变，他的朋友都有所感觉，胡林翼就说他“无复刚方之气”。出山之前，他对清廷上下的官场习气很是反感，“与官场落落不合，几至到处荆榛”。而再次出山之后“改弦易辙，稍觉相安”。

曾国藩说过：“太柔则靡，太刚则折。刚非暴虐之谓也，强矫而已；柔非卑弱之谓也，谦退而已。”曾国藩一开始入仕和从军，以“强”字为本，结果吃了不少苦头。后来他逐渐适应了形势的变化，成为一个可进可退、应付自如的办事高手。

刚不可久，柔不可守。以刚为本，以柔为用，既不失存身立世之根本，又给办事应变留下了充分余地，可方可圆，这才是做人做事的最高境界。

心胸要大，别被枝叶问题绊倒了

当你还没有足够的实力时，忍耐就是你生存的重要法宝。在这时候，成大事者，往往能审时度势，不把那些小耻小辱放在心上，而在暗地里积蓄力量，积极行动，以图后起。

当人们形容一个人的心胸气量大时，常常会说他“额前能跑马，肚里能撑船”。有这等气概的人，有着异于普通人的宽广胸怀和强韧的承受力，他们不去计较一些小事，为了心中的理想，承受了常人无法承受的苦难，也获得了常人不能获得的成功。

咸丰三年(1853 年)九月，驻扎在长沙的绿营兵与曾国藩的部下发生严重斗殴，绿营兵鸣号列队，准备大肆攻击曾国藩的湘勇营部队。曾国藩闻讯赶来后，非常生气，他想诛杀一两个绿营兵，压压他们的气焰，便给绿营提督鲍起豹发去一份咨文，指名索捕闹事的绿营兵。这一下可惹怒了鲍提督，他来了个火上浇油，故意大造声势，公开将肇事者捆送至曾国藩的公馆，看他这个团练大臣怎么办。绿营兵见此情景，一个个气势汹汹，冲进曾国藩的公馆，击伤他的卫士好几人，并且冲击到曾国藩本人。曾国藩狼狈不堪，只得向巡抚骆秉章求救。本来就驻在隔壁的骆秉章其实早就知道曾公馆所发生的事情，当时他也正对曾国藩在办团练过程中表现出来的非官非绅却又自以为是的行为十分不满，想借此教训一下曾国藩，所以一直在旁边看热闹。直到曾国藩来向他求救，他才出面，但并不安慰曾国藩，反而给肇事者松了

绑，向他们赔不是，让绿营兵各自回自己的驻地去。事后，骆秉章也不对此事进行查究，准备不了了之。可长沙城内，却浮言四起，说由于曾国藩干预官府的兵权，才闹出事来，他是咎由自取。曾国藩对此并不置辩，只是一心一意做自己该做的事。

后来，曾国藩的部下王鑫离开的时候，骆秉章却乘机拉拢王鑫，这简直是拆台了。但曾国藩依然不与之计较，并且一遇困难，还去向骆秉章屈求。后来随着曾国藩功绩的增大和地位的提升，骆秉章对他的态度也随之转变了。

能屈能伸才是大丈夫，不能让风浪弄翻了远行的大船。当你还没有足够的实力时，忍耐就是你生存的重要法宝。这时候，成大事者，往往能审时度势，不把那些小耻小辱放在心上，而在暗地里积蓄力量，积极行动，以图后起。

西汉文帝时有一个叫直不疑的人，他在一个县城里做小吏时，与另两个同僚住在一起。一次，那两人中的一个人错拿了另一个人的金子，失金的同僚却认定是直不疑拿的。直不疑知道此时说什么也没用，干脆承认是自己有急事用了，然后从家中拿出自己的金子给那同僚。事情真相大白以后，汉文帝很敬佩他的度量，就提拔他为谏议大夫。

直不疑上任以后不徇私情，得罪了不少小人，他们不断上书诬陷直不疑，甚至诬陷他与嫂子通奸。有人问起此事，他也只是笑笑说："我没有哥哥呀。"汉文帝问他为什么能如此淡定。直不疑回答说："如果他们告的是事实，我自会受到法律的制裁。我有什么必要辩解呢？"文帝问他是否想知道告发他的那些人的名字。直不疑摇摇头说："他们告发的事正是我要自律的事，既然他们不愿当面提，我又何必非要知道是谁。"直不疑这种内在素质不仅折服了汉文帝，也折服了朝中所有的人。

当污水向一个人泼来的时候，最能检验这个人是小肚鸡肠、什么也容不下的匹夫，还是目光远大、不计较一时一事之荣辱的高人。

公元前498年，吴国和越国发生了一场大战。越军大败，签订了条件苛刻的条约之后，在吴国，越国君臣在耻辱和磨难中苟且偷生。渐渐地，吴王夫差放松了警惕，放他们回国了。

勾践回国以后，一面奖励农桑，厚植经济基础；一面整军经武，加强雪耻复仇力量。没有一时一刻忘却在吴国所受的耻辱，为了报仇雪恨，勾践苦身劳役，夜以继日，如果想睡了就用一种小草扎自己的眼睛，如果觉得脚冷就把水泼在上面。冬常抱冰，夏还握火，平日食不加肉，衣不重彩。除了自己亲自耕作外，夫人也自织。此外，勾践还礼遇贤人，奖励生育，如火如荼的复国行动在全国各地蓬蓬勃勃地进行。

越国的雪耻计划在7年后已经卓有成效，但是表面上仍然低声下气地讨好吴国，当吴王夫差在黄池与晋定公争做盟主时，越王勾践分兵两路攻吴。3年中几经恶战，吴国终被击败，夫差自杀，吴国灭亡了。越王勾践终于成为春秋时期的最后一任霸主。

气度大的人，平时并不显山露水，只有在关键的时候才能显示出他的威力。韬光养晦是一种大智慧，这需要耐心、修养、智谋和胆识，即使在一帆风顺的时候也要注意使用各种方法增长自己的见识，锻炼自己的才能。

有的人看上去很平凡，甚至还给人以窝囊不中用的弱者感觉，但这样的人并不能小看。有时候，越是这样的人，越是在胸中隐藏着远大的志向抱负，而这种外表的“无能”，正是其心高气不傲、富有忍耐力和成大事讲策略的表现。

做事先掂量好轻重大小

人生的许多烦恼都源于得与失的矛盾。我们应当做到小事放松,大事必争,保证全局利益,避免受到更大的损失。

在人的一生里,有很多面临选择的时候。在进与退、得与失之间,如果见事不明,往往会因小失大,因局部而错失全局。为此,曾国藩曾经提出,为了达到大目标,保全整体利益,有时就要取大利而舍小利。

曾国藩强调指出:"凡与洋人交际……若小事处处争竞,则大事或反有放松之时,不分大小,朝夕争辩,徒为彼族所轻视也。"当时中国国力暗弱,在外交中处于被动地位。为了争取时间,曾国藩认为应在坚持遵守条约的前提下,随机应变,给自己留下回旋余地。对于洋人,该退让时退让,该坚持时就要坚持。曾国藩对外国商品在中国的倾销行为极为关注,对于洋人恣意扩大条约在中国建造铁路、私运盐米贩卖剥夺百姓生计等行为,都进行了激烈抗争,保持了民族气节。

小事放松,大事必争,保证全局利益,可以避免受到更大的损失。社会上的矛盾、冲突、利益的竞争,使大部分人都处于战争状态。用欲擒先纵的办法,回避锋芒,不直接对抗,矛盾也会在迂回曲折中得到妥善解决。一旦回避了锋芒,你就会发现事情原本可以很简单。识时务者为俊杰,当你处于矛盾的漩涡中时,一定要稳住心神。

春秋战国时期的鲁国人宓子贱是孔子的弟子。有一次齐国进攻鲁国,战火迅速向鲁国单父地区推进，而此时宓子贱正在单父。当时正值麦收季节，大片的麦子已经成熟了，不久就能够收割入库了，可是齐军一来，眼看到手的粮食就会被齐国抢走。当地一些父老向宓子贱提出建议说：“麦子马上就要熟了，应该赶在齐国军队到来之前，让咱们这里的老百姓去抢收，不管是谁种的，谁抢收了就归谁所有，肥水不流外人田。”另一些人也认为：“是啊，这样把粮食打下来，可以增加我们鲁国的粮食。而齐国的军队没有粮食，自然坚持不了多久。”尽管乡中父老再三请求，宓子贱坚决不同意这种做法。过了些日子，齐军一来，果然把单父地区的小麦一抢而空。

为了这件事，许多父老埋怨宓子贱，鲁国的大贵族季孙氏也非常愤怒，派使臣向宓子贱兴师问罪。宓子贱说：“今年没有麦子，明年我们可以再种。如果官府这次发布告令，让人们去抢收麦子，那些不种麦子的人则可能不劳而获，得到不少好处，单父的百姓也许能抢回来一些麦子，但是那些趁火打劫的人以后便会年年期盼敌国的入侵，民风也会变得越来越坏。其实单父一年的小麦产量，对于鲁国强弱的影响微乎其微，鲁国不会因得到单父的麦子就强大起来，也不会因失去单父这一年的小麦而衰弱下去。但是如果让单父的老百姓，以至于鲁国的老百姓都存了这种借敌国入侵能获得意外财物的心理，这才是危害我们鲁国的大敌。这种侥幸获利的心理，才是我们几代人的大损失。”

我们必须明白，忍一时的失，才能有长久的得，要能忍小失，才能有大的收获。不能因小失大，后患无穷。人生的许多烦恼都源于得与失的矛盾。如果单纯就事论事来讲，得就是得到，失就是失去，两者泾渭分明。但是，从人的生活整体而言，得与失又是相互联系、密不可分的，甚至在一定程度上，我们可以将其视为同一件事情。我们不妨睁开眼睛仔细看一看，认真想一想，在生活中有什么事情纯粹是利，有什么事情全然是弊？显然没有！所以，凡是心胸开阔的人都懂得，天下之事，有得必有失，有失必有得。

重剑无锋，理智地退让是高明之举

很多人在官场能如鱼得水，其实就是因为他们深知“收敛”的道理。收敛不是说故步自封、停滞不前，而是说要恰到好处、点到为止。

花朵固然张扬着向上，却只是外在的美丽；果实虽然沉默着向下，却是内在的充实。我们应该记住：周围的人有可能成为我们的朋友，也有可能成为我们的敌人。因为平和，我们会有越来越多的朋友；因为不可一世，我们会凭空制造出许多敌人。我们应该记住：每一个结束，就是一个开始；我们的才能，是为下一个成功所做的准备。这样想并这样做，我们的人生才不会像气球一样，在自我膨胀中毁灭，才能拥有成功的人生。

曾国藩一向恪守“清静无为”的思想。他常表示，于名利之外，须存退让之心。太平天国运动快结束的时候，他的这种思想愈加强烈，他意识到了自己的“残缺”，而且懂得只有退让才能保住自己。所以在攻陷天京之后，曾国藩立即遣散湘军，做好了长期抱残守缺的信念，不准备再叱咤风云了。对于他来说，更多的战功并不意味着荣誉，反而可能意味着因为功高盖主，而引起各方面的猜忌。因此曾国藩直接辞职不干了，这不能不说是很高明的做法。

在今天高度竞争的社会里，虽然我们应该相信人们大多是友好的，但这并不是说不存在心怀叵测的人，有些时候别人对你的明枪暗箭，会令你防不胜防。知道收敛自己，懂得守住自己的一亩三分地，该争须争，当退则退，才是人生的大智慧。

荀攸是三国时曹魏阵营里著名的谋士，他在朝二十余年，能够从容自如地处理政治漩涡中上下左右的复杂关系，在极其残酷的人事倾轧中，始终地位稳固，立于不败之地。荀攸是如何安身的呢？曹操说他“外愚内智，外怯内勇，外弱内强，不伐善，无施劳，智可及，愚不可及，虽颜子、宁武不能过也”。什么意思呢？就是说他谋略智慧过人，作战奋勇当先，做事不屈不挠。但他对曹操、对同僚，却不露锋芒、不争高下，自己表现得总是很谦卑、文弱、愚钝。因为他知道伴君如伴虎，最好处处收敛自己，结果二十多年中他深受曹操宠信。

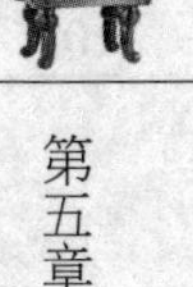

所谓“花要半开，酒要半醉”，有些人不知收敛，精明过头，总是落得个惨败的下场。能取得名位固然很重要，但能懂收敛，获得圆满更重要。很多人在官场能如鱼得水，其实就是因为他们深知“收敛”的道理。收敛不是说故步自封、停滞不前，而是说要恰到好处、点到为止。

宋仁宗时，王旦任宰相。他虽不是像魏征、吕蒙正那样的名相，但其在人品上也堪称楷模。寇准本是王旦一手提拔起来的，但寇准出于嫉妒之心，总是在仁宗面前说王旦的坏话。而每当仁宗问王旦谁最称职时，王旦却总是称赞寇准。宋仁宗感到不解，说：“为什么寇准反而总是挑你的毛病呢？”王旦说：“臣在相位久了，政事一定有许多不足之处。寇准将其所见反映给陛下，正见其忠直。也正是如此，臣才看重他。”仁宗听后，更加佩服他的为人。

有一次，王旦写的诏书违反了规矩。寇准见到后立即送到仁宗那里，致使王旦和相关的许多人受到不同程度的惩罚。巧的是没过几天，寇准起草的诏书也违反了规矩。王旦的手下人以为有了报仇之机，就把诏书拿给王旦。王旦看后却把诏书送回到寇准那里，让其重写。寇准非常惭愧，见了王旦说："你有如此大的度量，真让我自愧不如呀。"王旦为相，从未露过锋芒，百官却对其敬佩有加，这不正是他善于收敛自己的结果吗？

有一句话叫做"重剑无锋"。真正有分量的剑不需要锋芒毕露，最美的玉发出最柔和的光。在当今社会，有些人丝毫不知道收敛自己，自高自大，处处张扬，好像这个世界数他最能干，最有本事，其实，这不是个性，而是愚蠢。倒头来只能是搬起石头砸自己的脚，自作自受。

为人应当养成谦逊的美德，这不仅是有修养的表现，也是生存发展的谋略。巧妙地掩饰之所以是赢得赞扬的最佳途径，是因为人们对不了解的事物总抱有好奇心，不要一下子展现你全部的本事，一步一步来，才能吸引别人，最终获得扎实的成功。倘若你志得意满时趾高气扬、不可一世，这样不被别人当靶子打才怪呢！所以，无论你有如何出众的才智或高远的志向，都要时刻谨记：心高不可气傲，不要把自己看得太了不起，不要把自己看得太重要，必须审时度势，尽量收敛锋芒，以免惹火烧身。

步步为营,不打没有把握的仗

一个人在做任何事,尤其是对自己关系重大的事时,一定要先做到知彼知己,有了胜算的可能再去做。这样做看起来有些迂缓,但却具有很大的潜在推动力。

生活中很多人尤其是年轻人,总是有一股冲动之气,在处理问题的时候,他们常常不管后果,总是做了再说。在人生的关键时刻,如果失败一次,有时要付出半生甚至一生的代价。所以做任何事,尤其是对你关系重大的事,一定要先做到知彼知己,有了胜算的可能再去做,这样可以最大限度地避免失败。这种事先评估了解的做法,对你日后细致稳妥地做事很有帮助。

曾国藩是中国近代著名的军事家,也是一个功过鲜明、成就极广的人物。曾国藩的发家,主要靠湘军;他的功和过,也大多和湘军有关。

曾国藩用兵极其稳健,总是平心静气,不急躁。曾国荃在围攻江西重镇吉安时,曾国藩曾经为他写下了一副对联,上联是“打仗不慌不忙,先求稳当,次求变化”。后来这一句对联成为曾国藩作战的指导原则。

曾国藩亲定“扎营之规”,扎营修垒,围而不攻,困死敌人成为曾国藩对付坚城的主要战术。使自己的攻坚战变为进攻中的防御战,形成攻势防御的势态。为了能首先使自己立于不败之地,达到围困敌军的目的,曾国藩选择地势险要的地方安营。无论风雨寒暑,队伍一到,立即修挖墙壕,未成之先,不许休息,墙须八尺(1 尺 =0.3333 米)高、一丈(1 丈 =3.3333 米)厚,内有子墙,为人站立之地。壕沟须一丈五尺深,愈深愈好,上宽下窄。此后湘军都依照这个规定扎营。

湘军不但扎营以求自固,进攻敌人的坚垒、名城,也用扎营战术来围困敌人以收功。湘军用兵,不患敌袭,不患中伏,很少有在拔营的时候遭遇全军覆没的事,正是由于其扎营的成规周密所致。

咸丰十一年(1861 年),湘军攻克安庆,曾国藩根据当时的形势提出了“先剪枝叶,后拔其根”的战略方针。在这一方针指导下,定下了三路进攻的军事部署:第一路左宗棠军从皖南入浙,攻取浙江;第二路由李鸿章率刚组建的淮军奔赴上海,争夺苏州、常州;第三路曾国荃军在湘军水师配合下,顺江而下,直指金陵(今南京)。同时,由曾国藩自己指挥湘军鲍超部、张运兰部,进攻宁国、广德、芜湖、巢县等地,保障曾国荃部的后方安全,并策应进攻浙江的左宗棠部,由李续宜部作为机动增援部队,兼顾战略后方湖北。这样,就形成了对天京的布局宏大、思虑周密、环环相扣的战略包围圈。从形成战略包围到同治三年(1864 年)的几年中,曾国藩一直没有急于进攻天京,而是致力于完成剪除枝叶的工作。到同治三年,天京四周数百里均被湘军占领,这时曾国藩才决定拔除本根,天京很快陷落。

从上面的战役中可知,曾国藩用兵战术为:稳步前进,步步为营,不慌不忙,逐渐争取主动。曾国藩用兵,重视“主客”的说法:以守者为主,攻者为客,主逸而客劳,主胜而客败。

沉得住气,关键时刻可以做到心不慌、手不抖,才能让正确的决策得到完全的贯彻。沉得住气既是管人者的入门功夫,又是衡量一个人道行深浅的重要标准。

在现实中，有很多人一走进社会，就想有一番大的作为，凭着一时的热情和冲动，或恃才傲物，或锋芒毕露，或猛打硬拼，结果大多力不从心。铩羽而归后，便心灰意冷，收刀入鞘，无所作为。而真正的作为，是一种积极而平静的进取，其攻势并不凌厉，但有着潜在的推动力量。

羽翼不丰难以高飞

资格不够的时候，先别急着当老大，轻易不要出手，一击必中的才可称得上你的秘密武器。如果选择在不成熟的时机和不适宜的地点出头，那是把自己挂出去当靶子。

曾国藩为人处世谨慎之极，不是自己分内的事情不做，利于自己不利于国家的事情不做，条件不成熟的事情不做。不经深思熟虑，没有确实把握的事，坚决不做，也就是“羽翼不丰，不可高飞”。

曾国藩初建湘军时，水陆两军加起来才有1万人，因此，他坚持这样的原则：军队编制不全不能出击，装备不良不能出击，训练不精不能出击。他说“兵贵精而不贵多”。人多就难以练成精锐，而且也是当时的财政状况不允许的。他强调，练、训二字缺一不可，不但要在纪律、作战能力上过关，思想上也要过关，在他的严厉要求下，湘军从开始建立起，其整体素质就非常高。即使如此，曾国藩也没有立即投入战斗。他认为，湘军刚刚成立，还要经过一番磨炼才能真正担当起重任。

他常常告诫诸将说：“宁可好几个月不开一仗，绝不可以开仗而毫无安排、准备和算计。凡是用兵的道理，本来力量强而故意显示给敌人以懦弱的多半会打胜仗，本来力量弱小而故意显示给敌人以强大的多半会打败仗。敌人向我进攻，一定要仔细考究衡量而后应战的多半会打胜仗；随意而没有仔细考究衡量，轻率地发兵向敌人进攻的多半会打败仗。与强悍敌人交手，总要以能看出敌人的漏洞和毛病为第一重要的道理。如果敌方完全没有漏洞、毛病，而我方贸然前进，那么在我方必有漏洞和毛病，这很容易被对方看出来和利用。”

曾国藩的远见卓识，让他在作战上很少失利，这无疑给他本人和湘军增添了信心，也给他的成功奠定了坚实的基础。

事实上，那些真正具有雄才大略的人，讲究的就是后发制人。从起步到控制大全局，认真对待每个细节，不到时机成熟绝不轻易下手，最后通过长久耐心的努力，终于获取成功。

隋朝的开国皇帝杨坚，14 岁便步入仕途。16 岁时，杨坚又升为骠骑大将军，正式成为西魏朝廷的重臣。

这时，一场废立阴谋正在悄悄地进行，主谋是西魏的执政大臣宇文护。西魏君主恭帝拓跋廓自即位以来便是个傀儡，他无权预闻政事，便整天与嫔妃寻欢作乐。西魏大统元年十二月，宇文护逼迫拓跋廓禅位宇文觉。宇文觉做了九个月的皇帝，便被宇文护杀掉。宇文护拥立宇文觉的长兄宇文毓为帝，是为周明帝。杨坚在这场宫廷政变中，为宇文护、宇文觉鞍前马后地效力，立下汗马功劳，被晋封为大兴郡公。

25 岁那年，杨坚大婚。妻子独孤伽罗，是独孤信的七女。独孤信是鲜卑大贵族，官居柱国大将军，是自西魏以来的权臣。他的长女就是周明帝的皇后。与独孤氏联姻，更加提高了杨坚的地位。杨坚地位的提高，引起执政的宇文护的猜忌，多次想干掉杨坚，幸亏有与杨臣交好的众臣替他说情，才免一死。5 年后，武帝宇文邕诛灭宇文护及其同党，亲揽朝政，杨坚的威胁消除。宇文邕选杨坚的长女杨丽华为皇太子宇文赟的妃子。杨坚成为皇亲国戚。

杨坚虽然深得宇文邕器重，但他对宇文邕却不忠，觊觎其龙位。不过，他的羽翼未丰,不敢有所表示,只是心中暗暗地盘算,偷偷地培植自己的势力。

杨坚34岁那年,即建德四年七月,武帝下诏伐北齐。杨坚统领右三军中的一军。这次出兵,大获全胜,灭了北齐,统一了中国北部。杨坚以战功进位柱国,出任定州总管,随即转为亳州总管。不久,武帝驾崩,皇太子宇文赟即位,是为宣帝。宣帝立杨丽华为皇后,父以女贵,杨坚被拜为上柱国、大司马。宣帝外出,便由杨坚处理日常政务。

这时候,杨坚已经做好了夺权的一切准备,朝廷的大臣之中,也有多人看到北周气数已尽,遂表面上信誓旦旦地效忠宣帝,背地里却投靠了杨坚。公元581年,宣帝病危,杨坚主谋发出让自己主政的假诏,经过耐心运作,杨坚称帝,建立隋朝。

"缓称王"三个字,是历代枭雄们韬光养晦的精华。资格不够的时候,先别急着当老大,轻易不出手,出手便要一击必中。而选择在不成熟的时机和不适宜的地点出头,那是把自己挂出去当靶子。

在现实社会中,也是同样的道理。

如果你过早地卷入竞争,就会过早地暴露了自己的实力,也同时显出了自己的缺陷,以至于在竞争中往往处于不利的被动境地。相反,尽可能地忍让、克制自己的欲望和冲动,便可以起到后发制人的作用,可以在知己知彼的情况下,获得竞争中的主动权。

做人要找准自己的位置

我们必须知道，每个人都不是万能的，你在这个位置上如鱼得水，换一个地方，就很有可能放不开手脚。做人贵在明白自己的短长，不强为不可为之事。

有句俗话叫做“穷想富，富想官，官想做皇帝，皇帝想上天”，这说明人的欲望是没有限制的。从好的一面说，欲望可以激发人们的进取心，促进社会的进步；但是如果只有欲望而没有节制，头脑发热，就容易做出与自己身价不符的举动，从而一败涂地。

随着曾国藩战功的扩大和地位的增高，他身边的谋臣与将士渐渐生出一些不轨之心来。此时，曾国藩已是“一人之下，万人之上”，再进一步，就是自立为帝了。

早在安庆战役后，曾国藩部将即有劝进之说，而胡林翼、左宗棠都属于劝进派。劝进最上心的是王闿运、郭嵩焘、李元度。当安庆攻克后，湘军将领欲以盛筵相贺，但曾国藩不许，只准各贺一联，于是李元度第一个撰成，其联为“王侯无种，帝王有真”。曾国藩见后立即将其撕毁，并重责了李元度。李元度被斥，其他将领所拟也没有一联合曾国藩之意。其后“曾门四子”之一的张裕钊来安庆，以一联呈曾，联说：

天子预开麟阁待，

相公新破蔡州还。

此联恪守臣子的本分，曾国藩一见，击节赞赏，即命传示诸将佐。但有人认为“麟”字对“蔡”字不工整，曾国藩却勃然大怒说：“你们只知拉我上草案树（湖南土话，湘人俗称荆棘为草案树）以取功名、图富贵，而不读书求实用。麟对蔡，以灵对灵，还要如何工整？”蔡者为大龟，与麟同属四灵，对仗当然工整。

在曾氏兄弟满门封侯，大功告成之日，本该是静思谦退、保泰持盈的时候，而这时，偏偏有些人在势盛之时，让欲望的火焰障住了双眼，总想再越雷池一步。当时风行一时的“劝进”浪潮，着实给曾国藩出了一道难题。一天晚上，在三十余人的湘军高级将领共同求见大帅之时，曾国藩态度很严肃，令大家就座，也不问众将来意，众将见主帅表情如此，也不敢出声。如此相对片刻，曾国藩令人拿来最好的大红纸，写了一副对联，掷笔起身，一语不发，从容退入后室。只见曾国藩写了十四个大字“倚天照海花无数，流水高山心自知。”众将看到此联，知道拥立曾国藩之事无望，大帅心意已决，此后再无人提及此事。

这在当时，曾国藩身边有些幕僚将士对此事难以理解，认为曾国藩“变节为巽顺”，虽功成名就，但“避事”不敢担当大任。直到经历了清亡、袁世凯复辟败亡等重大的历史事变，才对曾国藩当初不自立为帝的看法有了改变。

在封建社会，忠君报国是传统的儒家思想，也是社会上的人心和潮流。一个人如果逆流而动，是要付出大的代价的。曾国藩做大清的忠臣，则一呼百诺，如果一意孤行，称王称霸，就可能会有一大批看不见的对手站出来和他对抗。而且，从做人的方面说，坚持自己一贯的主张和思想，有始有终，才可以使自己的人格趋于完美，获得长久的安宁。

知道什么事情该做，什么事情不该做，是一种智慧，更是一种气度。

1952 年 11 月，在美国某大学执教的爱因斯坦接到邀请，让他就任以色列共和国的总统。对这个多少人为之垂涎的总统宝座，爱因斯坦却婉言谢绝了。

他说："我对自然界了解不多，对人就更一无所知了。""我整个一生都在同客观物质打交道，因而，既缺乏天生的才智，也缺乏经验来处理行政事务以及如何公正待人，为此，本人是不适合如此高官重任，且不谈高龄的衰老已经在减少我的精力了。"这些由衷之言，体现了爱因斯坦高贵的自知之明。

我们必须知道，每个人都不是万能的，你在这个位置上如鱼得水，换一个地方，就很有可能放不开手脚。做人贵在明白自己的短长，找准自己的位置。

"功成身退"是一种退守策略，是指一个人功成名就之后，见好就收。其实，过分自满，不知适可而止，必定会自取灭亡。而功成名就，急流勇退，将一切名利都抛开，是一种积极而充满智慧的处世之道。因为无论名或利，在到达顶峰之后，就会走其相反的方向。"功成身退，明哲保身"，是理智，更是明智。

第六章

理关系:走远路的人,先要给自己搭桥

君子但尽人事,不计天命,而天命即在人事之中。

——曾国藩

曾国藩是文人,是军人,也是“一人之下,万人之上”的高官,在复杂多变的环境中,他能够应对自如,可见其在理顺关系上的独门功夫。即使在现代社会,上层的提携、同僚的配合、下属的忠实,也是我们人人都需要关注的问题。

好名声是立身之本

人也是有品牌的，建立好名声是为了在世间立足。有了好名声，做起事来就会有事半功倍的效果，因为一个仁德、宽厚、讲究信义的人是处处受人欢迎的。

在当今社会，商战激烈、残酷，品牌之间的竞争也是此消彼长，各领风骚，然而在每一个成功的畅销的品牌背后，都立着一块人品的牌子。世人熟知的福特、吉列、松下、法拉利等人都已作古，但以他们名字命名的品牌仍屹立不倒。为什么？正是因为他们以及后继者的牌子亮，信誉好。

人也是有品牌的，如果一个人以远大的抱负、高尚的道德、勤谨的作风来要求自己，坚持不懈地修正自己的言行，那么，长此以往，他在人群中就会树立起自己的形象，赢得众人的钦服。而这一切，都将成为他建功立业的最为坚实的基础。

三国时期的刘备就是一个用好名声成就事业的人，“得人心者得天下”，如何来赢得人心以获取民众的支持和信任，这是取得事业成功的关键。这里的人心有民心、军心和将相之心，所以“攻心”是统御术的核心。通过攻心，才能顺民心、抚军心和结将相之心，三心皆备，不怕霸业不成。

所以说，名声是万万不可丢掉的立世之宝。人品即产品，人品即财富，做人容不得半点水分，丝毫不能作假，否则，人一旦倒了牌子，失去了信誉，什么事都很难做成。

大凡功成名就之人,名望愈高,愈是珍重这份荣誉。曾国藩的过人之处在于,他对自己的名望始终抱有怀疑的态度,甚至根本就认为自己没有什么名望。曾国藩曾宽慰、告诫弟弟说:从古今来看像我这样名大权重的人,能够善始善终的人极少。因此我担心到我不好的时候会连累你们,我们现在处于极好之时,家事有我一个人担当,你们就一心一意做个光明磊落、鬼服神钦的人。曾国藩非常注重名声的重要性,他不希望自己的地位越来越高,就因此不注意自己的名声,从而引起别人的闲言碎语,更不希望家人对自己的名声有所破坏。待到名声既出、信义既著,即使随便答言,也会无事不成。所以不必贪财,也不必占便宜。

可见,曾国藩是把名誉和贪婪相联系的,贪婪的人,恶名加身,大度的人,清誉在外。一旦名声远扬,就可以不拘小节了。曾国藩的见识可谓高拔,甚至可以说有点狡猾,他把好名声看成人的立身之本,本应正,源要清,不可本末倒置。曾国藩对家族的名望或声誉十分看重,为了保持名望和声誉,曾国藩可以说是殚思竭虑,鞠躬尽瘁。

对于那些有心求名的人来说,有一点我们必须要明白:好名声也是通过自己的努力才一点一点慢慢地建立起来的。

有一对夫妻,下岗后开了家烧酒店,自己烧酒自己卖,也算有了条活路。丈夫是个老实人,为人真诚、热情,烧制的酒也好,人称“小茅台”,有道是“酒香不怕巷子深”,一传十,十传百,酒店生意兴隆,常常是供不应求,远近也算小有名气。

看到生意如此之好,夫妻俩便决定把挣来的钱投进去,再添置一台烧酒设备,扩大生产规模,增加酒的产量。这样,一可满足顾客需求,二可增加收入,早日致富。这天,丈夫外出购买设备,临行之前,把酒店的事都交给了妻子,叮嘱妻子一定要善待每一位顾客,诚实待客,诚实经营,不要与顾客发生

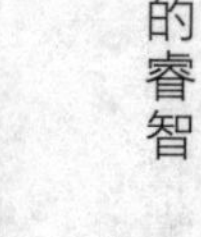

争吵……一个月以后，丈夫回来，妻子非常激动，神秘兮兮地说："这几天，我可知道了做生意的秘诀，像你那样永远也发不了财。"丈夫一脸愕然，不解地说："做生意靠的是信誉，咱家烧的酒好，卖的量足，价钱合理，所以大伙才愿意买咱家的酒，除此之外还能有什么秘诀。"

妻子听后，自作聪明地说："你这榆木脑袋，现在谁还像你这样做生意，你知道吗？这几天我赚的钱比过去一个月挣的还多。秘诀就是，我给酒里兑了水。"丈夫一听，肺都要气炸了，他没想到，妻子竟然会往酒里兑水，他冲着妻子就是重重的一记耳光。妻子这种坑害顾客的行为，将他们苦心经营的酒店的牌子砸了，他知道这将意味着什么。

从那以后，尽管丈夫想了许多办法，竭力挽回妻子给酒店信誉所带来的损害，可"酒里兑水"这件事还是被顾客发现了，酒店的生意日渐冷清，后来不得不关门停业了。

经营自己的人生，和做生意也是一个道理，给酒兑水，表面上看是坏了产品，影响的是生意，但折射出的实质是低劣的人品——弄虚作假、不诚实，失去了人们的信任，失去了酒店的信誉，欺骗别人一次，影响自己一生。

建立好名声是为了在世间立足，尤其是想成就一番事业的人，好名声就更为重要了。有了好名声，做起事来就会有事半功倍的效果。因为一个仁德、宽厚、讲究信义的人是处处受人欢迎的。因而，有好名声的人，做起事来就会有许多人帮助他，这也就是"得道多助，失道寡助"最好的诠释。

我不欺人，人不欺我

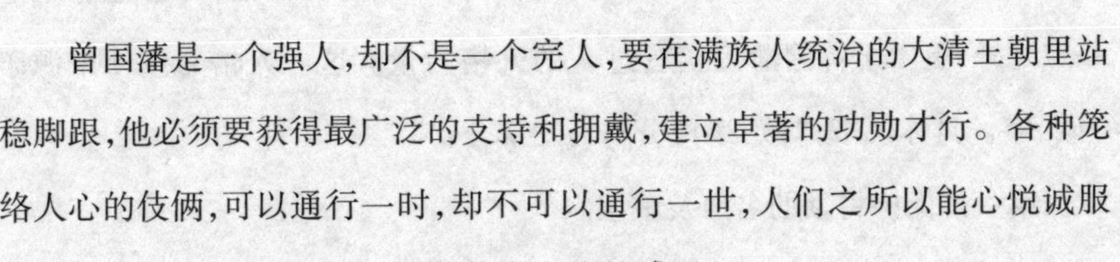

真诚是做人的美德，你对人投之以桃，他人才会报之以李。从古到今，欺骗别人就是欺骗自己。高尚的品格，是人性最高形式的体现，同时也是最好的投资本钱。

曾国藩是一个强人，却不是一个完人，要在满族人统治的大清王朝里站稳脚跟，他必须要获得最广泛的支持和拥戴，建立卓著的功勋才行。各种笼络人心的伎俩，可以通行一时，却不可以通行一世，人们之所以能心悦诚服地为他卖力气，还是由于受了他伟大人格的感召。

我们可以这么说，做事业需要的是长久稳定的人际关系，而这种关系不仅仅是“呼朋引类”、“拉帮结伙”那么简单。用兵的要点，曾国藩最重一个“稳”字；治心的要点，曾国藩最重一个“诚”字。诚则明，明则诚，内心如果真的能够诚实光明，那么用兵行军自然也就稳当顺利。

曾国藩办团练之前，清政府的正规部队有八旗和绿营这两支主要力量，虽然战斗力不强，但从数量上来说，却是十分可观的。而曾国藩初办团练时，手无一勇一卒。当时湖南已有江忠源的楚勇、罗泽南和王錱的湘勇，都有一定的实力。其中江忠源的楚勇出境至广西，蓑衣渡之战打死太平天国南王冯云山，后保卫长沙城重伤萧朝贵，转战江西，也有战功。

可是，曾国藩虽无兵勇，最终却能成为他们的精神领袖，协调各部的行动。江忠源战死后，接领其部的刘长佑、萧启江等，罗泽南战死后，接领其部的李续宾、李续宜、蒋益澧、刘腾鸿等，王錱病死后，接领其部的王开化、张运兰等，也都接受曾国藩的指挥和调度。湘军在逐渐发展的过程中，一批非湘籍将领陆续得到曾国藩的器重，如满族人塔齐布、蒙古族人多隆阿、河南人李孟群、广东人褚汝航、四川人鲍超、福建人沈葆桢、安徽人李鸿章、李瀚章、李鹤章、李昭庆兄弟等。这说明曾国藩在宗族、地域观念之外，还有着坦荡的襟怀和推诚用人的本领。

这些接受曾国藩节制的湘军将领，除极少数如塔齐布、鲍超等出身行伍外，绝大多数是僻居乡间的知识分子，他们以维护名教为己任，以杀“贼”立业为志，与曾国藩心心相印。然而，他们之所以独尊曾国藩，除思想相通这一点之外，更由于曾国藩确实有过人的人格力量。这一人格力量便来源于“诚”字。具体说来，“诚”字可分解为三部分：

第一是保护将领的名声及威望。

第二是在钱粮后勤方面不加以掣肘。

第三是及时加以褒奖提拔。

曾国藩曾对心腹李榕说：“精诚所至，金石为开，鬼神也回避。”这是说的对自己诚实。“人天生是直爽的，与军人交往时，直爽就显得尤为珍贵。文员的心多曲、多歪、多不坦白，往往与军人水乳不融。文员必须完全除去歪曲私心，事事推心置腹，使军人坦然无疑。”这是说的交往中的诚实。以诚为本，以勤、慎为用，就可以避免大灾大难。

曾国藩把“诚”字作为人的基本品格来认识，认为只有内心诚朴，才能有信誉可言。曾国藩的这种做人处世方法，使他的周围聚集了许多忠直廉敬之士，为他以后的大作为埋下了伏笔。真诚做人，才能真诚做事。真诚是做人的美德，你对人投之以桃，他人定会报之以李，只有真诚地去对待你周围的每一个人，你才能拥有更多真诚帮助你的人，才能有助于你走上成功之路。

地中海岸边有个老铁匠，为人十分诚实。他说过的话没有一句虚假，他许下的诺言也从来没有不兑现的。这份诚实鲜明地体现在他做的活计上。他打造的时候完全按照买主的要求，从不偷工减料。有时买主没有什么特殊的要求，他也会把铁器打得又好又结实。尤其是他打造的铁链，比任何一家做得都结实。有人说他太老实了，但他不管这些，工作起来总是一丝不苟。

有一次，他打造了一条巨链，打好后运去装在一艘大海船的甲板上，做了主锚的铁链，这艘航行远洋的巨轮多少年都没有机会用上它。直到有一天晚上，海上风暴骤起，风高浪急，随时有可能把船冲到礁石上撞个粉碎。船上其他铁锚都放下去了，但是一点都不管事，那些铁链就像是纸做的，经不住风浪，全都断开了。最后船长下令：把主锚抛下海去。这条巨链，第一次从船上滑到海里，全船的人都紧张地望着它，看看这条铁链受不受得住风浪，全船一千多名乘客的安全都得靠这条铁链了。要是那位老铁匠在打造这条铁链时稍微有些不尽心，只要在铁链的千百个铁环上，有任何一环出现问题，船就有在大海里沉没的危险。最终，这条铁链经受住了风浪的考验，船保住了。

同是打造一条铁链，老铁匠要挥汗如雨地干三十天，别人只要轻轻松松地干十五天。乍看上去，自然是别人干得快，赚得多，老铁匠干得慢，赚得少了。可是，经过一场海上风浪后，谁还会去买那下水就断的铁链呢？

一个人活在世上，是离不开别人帮助的，靠什么获得别人的帮助？那就是诚信。人无信不立，市无信则乱。我们每个人必须恪守诚信这一做人的道理，诚实和信用就是一块无价的玉，就是一项终身受益的无形资产。

从古到今，欺骗别人就是欺骗自己。如果没有诚信，就无从立足，更谈不上发展。品格是世界上最强大的动力之一。高尚的品格，是人性最高形式的体现，同时也是最好的投资本钱，它能最大限度地展现人的价值。

太精明的人，会让他人躲着走

过于精明和苛刻容易惹出乱子，宽恕为怀则可以免祸。胸怀宽大，小事糊涂，这样可以造成一种重大局、尚信义、不计前嫌、不报私仇的氛围，从而带动人与人之间的良性互动。

明代大政治家吕坤以他自己丰富的阅历和对历史人生的深刻洞察，总结出了精明与糊涂的辩证关系。他在《呻吟语》中说了一段十分精辟的话："精明也要十分，只须藏在浑厚里作用。古今得祸，精明人十居其九，未有浑厚而得祸者。今之人惟恐精明不至，乃所以为愚也。"

在我们处理人际关系的过程中，这段话也同样适用，那些精明强干、眼里不揉沙子的强人，和周围的人的关系往往非常紧张。"人至察则无徒"，与精明者相处，人们常有猜疑之心和提防之意，疏远也就是理所当然的了。

人必要的糊涂还是应该有的，不必与人太较真。没有糊涂就没有聪明，山重水复疑无路，多转几个胡同就会找到家。

曾国藩自己当了外官之后，亲身感受到了"外吏之难，盖十倍于京辇"这句话的含义。经过几次挫折后，他也学着"糊涂"了。除了与地方官员的冲突外，在湘军刚开始创办时，他与王鑫的矛盾也激化了。王鑫是罗泽南的弟子，当时他的部下有 3000 人，在各支部队中人数最多，但他性情刚烈，又善于用兵，对曾国藩很不服气。曾国藩此时为湘军统领，自然不愿迁就，二人多次发生口角。但站在曾国藩一边的人并不多，有人还传言曾国藩压制他人，排除异己。

不久，王鑫因骄而败，损失较大。但他为挽回名声，又新募了几百人，在石潭杀了 30 个敌军残兵，便假报打了胜仗，邀赏请功，这使曾国藩深为厌恶。而左宗棠起草奏折时，以假充真，写到奏折中去了。曾国藩看到原稿后大为震怒，但奏折已发出，无可奈何。他的几个弟弟因此愤愤不平，要找人辩驳，曾国藩告诫他们，如果强作辩驳，“愈求分明，愈致混淆”，只有“学为糊涂”，就此作罢。

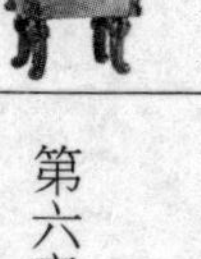

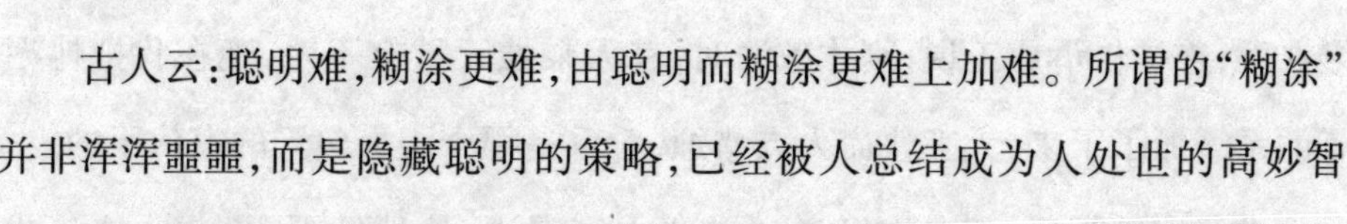

古人云：聪明难，糊涂更难，由聪明而糊涂更难上加难。所谓的“糊涂”并非浑浑噩噩，而是隐藏聪明的策略，已经被人总结成为人处世的高妙智慧。曾国藩进入仕途后，就已深知其中道理，处处显示出“糊涂”的意味。

曾国藩礼贤下士，对投靠的各种人都倾心相接。一次有人来投。此人言词伶俐，论及用人须杜绝欺骗事时说：“受欺不受欺，全在于自己是什么样的人。我纵横当世，略有所见，像中堂大人（曾国藩）至诚至善，别人不忍欺骗；像左公（左宗棠）严气正性，别人不敢欺骗。”曾国藩对“不忍欺”的评论极为满意，这正是他毕生所追求的境界，此人倒像是个知己。

第二天，这人又煞有介事地说：“这里不少豪杰俊雄，而其中有两位君子。”曾国藩急切地问：“何人？”答曰：“涂宗瀛、郭远堂。”曾国藩大喜称善，待此人为上宾，任用他监督制造船炮。多日后，兵卒报告曾国藩说此人挟财潜逃，请发兵追之。曾国藩沉默良久说：“停下，不要追。”后来有人问为什么不追捕此人，曾国藩说：“这个人只是骗骗钱，要是逼紧了，他会到敌营里，那样危害更大。这点钱和我本人恋谄受欺的名声相比又算得了什么。”

过于精明和苛刻容易惹出乱子，宽恕为怀则可以免祸。胸怀宽大，小事糊涂，这样可以造成一种重大局、尚信义、不计前嫌、不报私仇的氛围。

你怎样对待别人，别人就会怎样待你，山不转水转，时间长了，功效就会自动显现出来。

周定王二年(公元前605年),楚庄王经过艰苦作战,平定了令尹斗越椒发动的叛乱之后,大摆酒宴,招待群臣,欢庆胜利。

夜深之后,庄王仍然兴致不减,令人点起蜡烛,继续欢乐,并要宠妾许姬前来斟酒助兴。忽然一阵大风吹过,将灯烛吹灭。这时,有一人见许姬长得美貌,加之饮酒过度,难于自控,便乘黑灯瞎火之际,仗着酒意暗中拉住了许姬的衣袖,许姬大惊,奋力挣脱后,顺势扯下了那人帽子上的系缨。许姬取缨在手,连忙告诉庄王说,刚才敬酒时,有人乘烛灭欲有不轨,现在我把他帽子的系缨抓了下来,大王快命人点蜡烛,看看是哪个胆大包天的家伙干的。

谁知庄王听后,却对许姬说:“赏赐大家喝酒,让他们喝酒失礼,这是我的过错。”不但不追究,反而命令左右正准备掌灯的人说:“切莫点烛,寡人今日要与众卿尽情欢乐,开怀畅饮。如果不扯断系缨,说明他没有尽兴,那我就要处罚他!”众人一听,齐声称好,等一百多人全都扯掉了系缨之后,庄王才命令点燃蜡烛。

散席之后,许姬仍然愤愤不平。庄王笑着说:“我如果按照你说的把那个人查出来,一会损害你的名节;二会破坏酒宴欢乐气氛;三也会损我一员大将。于国于家于我于他都是有害的事情啊。”

七年之后,楚庄王兴兵伐郑,失陷在战场上。当年“绝缨会”上捉了许姬衣袖的大将唐狡以死相拼,终于杀出一条血路,救出了楚庄王。

对于臣子的小过错,楚庄王一笑了之,假糊涂却带来了意想不到的真收益。

大智若愚,从某一个角度来说,也可理解为小事愚,大事明。所谓愚,并非自我欺骗,或自我麻醉,而是有意糊涂。该糊涂的时候,就不要顾忌自己的面子、学识、地位、权势,一定要糊涂;而该聪明、清醒的时候,则一定要聪明。由聪明而转糊涂,由糊涂而转聪明,则必左右逢源,不为人事所累。

善于借梯的人更能登高

有句话说，“七分努力，三分机运”。在攀向事业高峰的过程中，贵人相助往往是不可缺少的一环，有了贵人，不仅能替你加分，还会增加你的筹码。

当今的社会，讲究实力，也讲究关系和缘分。当某个人受了他人的提携和帮助时，他的成功就可以来得更快一些，更顺利一些。这就是所谓的“贵人”相助。“贵人”可以是某位居高位的人，也可以是令你心仪急欲模仿的对象，无论在经验、专长、知识、技能等各方面都比你略胜一筹。因此，他们也许是师傅，也许是教练，或者是引荐人。

有贵人相助，成功就会变得简单得多。所以，找到自己的贵人，并博得他们的信任和赏识，是成功的重要步骤。

清代末年，仕途冗滥，升迁很难。曾国藩升迁如此之快，首先是他掌握了真才实学。其次，曾国藩在京师的发迹，就得力于老师穆彰阿相助的机遇。穆彰阿在位的二十年，始终受宠不衰，穆彰阿自嘉庆以来，典乡试三次、典会试五次。大凡复试、殿试、朝考、教习庶吉士散馆考差、大考翰詹，没有一年不参与衡文之役的。他的门生、旧吏遍布朝廷内外，知名之士多被他援引，一时人们称之为“穆党”。

曾国藩戊戌年会考得中，总裁即为穆彰阿，于是二人便有了师生的友谊，曾国藩借此机遇遂经常与之往来。由于他勤奋好学，颇有几分才干，对穆彰阿经常以求学的身份向其请教，实际是以此接近穆彰阿。因此，他也甚

得穆彰阿的器重和赏识,处处受其关照。1843 年曾国藩参加大考翰詹,穆彰阿为总考官。交卷之后,穆彰阿便向曾国藩索要应试诗赋。曾国藩随即回住处将诗赋誊清,亲自送往穆府。这一次拜访似乎成为曾国藩迅速升迁的契机。在此之前,曾国藩的品位一直滞留未动。从此之后,则几乎是年年升迁,岁岁加衔,五年之内由从七品跃为二品。其前后的变化十分明显。

在一些野史传说之中,对曾国藩官运的转机作过生动描述:一天,曾国藩忽然接到次日召见的谕旨,遂连夜到穆彰阿家暂歇。第二天被带到皇宫某处,环顾四周,发现并非平日等候召见的地方,无奈白白地等了半天,只好又回到穆府,准备次日再去。晚上,穆彰阿问曾国藩说:"汝见壁间(白天被带去的地方)所悬字幅否?"曾国藩答不上来,穆怅然日:"机缘可惜。"

然后穆彰阿想了很久,找来自己的仆从对他说:"你立即用银四百两交给某内监,嘱他将某处壁间字幅连夜抄录。"当天夜里,仆从将太监抄录的壁间字幅送给穆彰阿。穆彰阿令曾国藩熟记于胸。次日入宫朝见皇帝,则皇帝所问皆壁间所悬历朝圣训。曾国藩由于事先做了功夫,所以对答如流,大受赏识。

有句话说,"七分努力,三分机运"。我们一直相信"爱拼才会赢",但往往有些人即使拼了也不见得赢,关键就在于缺少贵人相助。在攀向事业高峰的过程中,贵人相助往往是不可缺少的一环,有了贵人,不仅能替你加分,还会增加你的筹码。人生在世能得到贵人的帮助,可谓吉星高照,前途自然会一帆风顺,甚至飞黄腾达。

"是金子总会发光"。可是必须让贵人知道谁是发光的金子。为自己寻求一些贵人作为背景,从而使自己尽快得到提拔,英雄有用武之地,也是很值得研究的。如果你平日为人过于清高耿直,就有必要修正一下我们做人的方法了。这没有什么放不下的,我们都熟悉的诗仙李白,也曾经有一段向贵人毛遂自荐的故事。

在散文精选本《古文观止》中，有李白的一篇《与韩荆州书》，该文开宗明义第一句话就是："白闻天下谈士相聚而言曰：生不用封万户侯，但愿一识韩荆州。"

意思是说："李白听得天下文士相聚时议论说：一个人活在世上，不必要封受食邑万户的大侯爵，能见到一次韩荆州就够了。"

韩荆州是谁呢？他的真名叫韩朝宗，在当时是荆州刺史，故称"韩荆州"。

李白写这封信是如何介绍自己的呢？他在信中明明白白地说："李白我本是陇西地方的布衣，流落在楚汉的地方，十五岁就喜欢剑术……三十岁文章学成……虽是身长不满七尺，但我的雄心却胜过万人……"他在信尾说："幸望君侯推恩德到下面的人，大大地奖励和掖进我，我是全靠君侯出手打捞啊。"

一句话，就是李白年过三十还落魄民间，想叫韩荆州把自己推到官场上去。

韩朝宗也不负所托，勉力向玄宗李隆基做过推荐，开元二十九年，李白被唐玄宗李隆基召进长安，作为唐玄宗李隆基的御用诗人，为李隆基宠幸的杨贵妃写了不少诗，如《宫中行乐词》等。从此，李白便开始了他人生和创造的新阶段。

不论我们是求学、求官，还是求财、求事业，有贵人相助，往往可以缩短我们走向成功的距离。加强修正，增强自身实力，这是内功；打通关系，寻找能帮助自己的人，这是外功。最好的做人方式，当然是以内外兼修为高。

帮助别人就是帮助自己

曾国藩的成功，在很大程度上是培养人才、提携后辈上的成功。这一方面保证了自己事业的不断扩大；另一方面也为自己和家人预先铺下了一条后路。

助人者人恒助之。你怎样对待别人，别人就会怎样对待你；你怎样对待生活，生活就会怎样对待你。尽可能地给别人提供方便的人，常常比别人拥有更多的机会。

生活中有一些人，一旦得势之后，就不知道自家的骨头有几两重，吆五喝六，作威作福，给人的感觉是"老子天下第一"。他们没有想过，花开得最盛时，再开就衰落了；人登得最高时，再走就是下坡路。大权在握时，不懂得与人为善，一遇到什么变故，需要支持者与后继人的时候，定然两眼一抹黑，说什么都晚了。

曾国藩高出同时代人的卓识之一，是局面做大时公开鼓励下属谋求独立发展。这也充分显示了他博大的胸怀。

曾任曾国藩幕僚的左宗棠，历来与曾国藩政见不一，在多种场合对曾国藩颇有微词。后来，两人也几年不通音讯，但收新疆，曾国藩第一个就荐举左宗棠。左宗棠也不负众望，在新疆立下赫赫战功，成就了他一生的事业。对于其他人也是一样，由于曾国藩在属下自立门户的问题上政策开明，适时加以鼓励，湘军的力量发展很快，成为一个庞大的集团势力，而且始终保持着相对的统一性，这使曾国藩的事业规模迅速扩大。十年后，湘军中督抚大帅，纷出并立，与曾国藩地位相当相近者就有二十余人。这些军队与督抚协调行动，互相配合照应，更使曾国藩的声望如日中天。

曾国藩是一个深谋远虑的人，他总是破格录用人才，把召来的人安排在自己的营中，让他们办理一般文书、参谋事宜，让他们在实际的工作中接受锻炼，增长才干，涵养性情。曾国藩对他们抓得紧，要求严格，经常在茶余饭后的闲暇时间，结合自己的阅历与读书心得谈古论今，内容既切合实际，形式也生动活泼，使幕僚们迅速增长学问，拓展眼界。

曾国藩为培养人才煞费苦心，而他的心血确实也没有白费，他一生的事业正是靠这些人才发展壮大起来的。而在这些人才中，曾国藩花费心血最多、提拔最多、成长最快，也最能继承曾门衣钵的，就是后来的“中堂大人”李鸿章。

在对于这个门生的培养上，曾国藩知无不言、言无不尽。他知道在封建的中国“有军则有权”的道理，告诫李鸿章要把军事放在首位，在他看来，只有练就精兵，学会作战，才能站稳脚跟，飞黄腾达，否则将一事无成，甚至有丧失生命的危险。他还看出李鸿章心高气盛，急躁，傲慢，任性，这些致命弱点如不改正，后患无穷。因而曾国藩“以深沉二字”相劝，李鸿章深受教益。

李鸿章对自己的老师极为佩服，他把曾比作佛祖释迦牟尼，而自己是佛门传徒习教之人。他事事请命、时时请命，有何创举总拜求曾国藩，有何大政总请曾国藩主持。尤其是洋务大政，李鸿章推曾国藩领头，从而掀起极大的声势。曾国藩得虚誉分担风险，李鸿章则由此实力大增。

李鸿章对曾国藩也投桃报李，每月仅接济安庆大营的银两就达四万之多，洋枪洋炮更不计其数，有一次仅子弹就送一百万发。

攻陷天京前后，曾国藩实际上是清军的前线总司令，且握有苏、浙、皖、赣四省军政大权。不过谁都知道,朝廷已经在忌其兵权过重,尽管表面上圣宠甚隆,骨子里君臣都为后事发愁。因此,曾国藩亟须一位不会掘自己祖坟的传人,他最怕清廷内部矛盾激化成灾,殃及自家。于是他在战争胜利后,主动裁剪自己的湘军,把李鸿章的淮军推上前台的辉煌。这样一来解除了朝廷的猜忌,同时平稳地完成了权力的过渡,培养出自己的接班人。

曾国藩的成功,在很大程度上是培养人才、提携后辈上的成功。这一方面保证了自己事业的不断扩大,另一方面也保证了自己身后政策的连续性。而且难能可贵的是,在曾国藩下世后,不但李鸿章与曾家的子弟亲如一家,即使左宗棠,也看在故人之面,多次照顾曾国藩的子女婿。这一切,都得益于曾国藩当年的苦心经营,播撒下的好的种子。

帮助别人就是强大自己,帮助别人也就是帮助自己,如果你帮助其他人获得他们需要的东西,你也会因此而得到想要的东西,而且你帮助的人越多,你得到的也就越多。

为人处世以变通为先招

当现实中的人际关系以各种各样的面目出现在我们面前时，我们应当主动去适应它，然后逐渐学会调动、掌控它。不同的事情，要有不同的处理方法；不同的人，要有不同的对待方式。

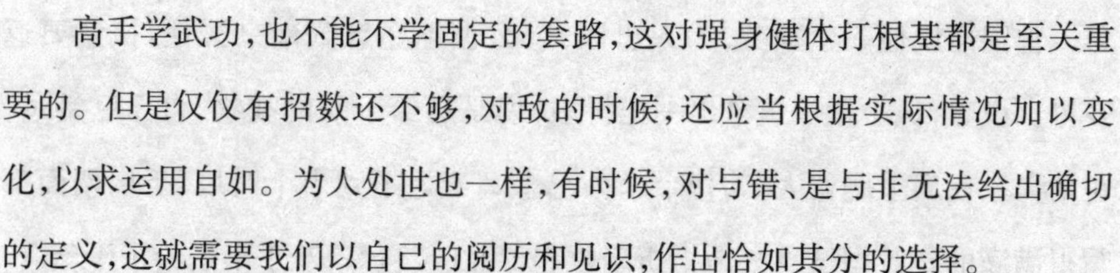

高手学武功，也不能不学固定的套路，这对强身健体打根基都是至关重要的。但是仅仅有招数还不够，对敌的时候，还应当根据实际情况加以变化，以求运用自如。为人处世也一样，有时候，对与错、是与非无法给出确切的定义，这就需要我们以自己的阅历和见识，作出恰如其分的选择。

曾国藩曾给曾国荃写有一封信，其中这样说道："凡与人晋接周旋，若无真意，则不足以感人；然徒有真意而无文饰以将之，则真意亦无所托之以出，《礼》所称无文不行也。余生平不讲文饰，到处行不动，近来大悟前非。弟在外办事亦随时斟酌也。"

这说明不但要有真情，还要讲技巧，不然就会四处碰壁。人的工作和生活环境，有时候是无法选择的，在危险或尴尬的环境中工作，头脑一定要灵活，遇事该方则方，不该方时就要圆熟一些。在人与人之间的沟通中，运用一整套娴熟的处世技巧，不但保护了自己，而且也成全了别人。

同治年间，衡阳挨近双峰大界的地方，有一个忠厚而倔强的农民，在清明节扫墓时，与人发生了一场纠纷。对方仗着自己有钱有势，硬将一坟迁到他家的祖坟上来。官司由衡阳县打到了衡州府，老人的官司总也打不赢。

有个老亲友提醒他："你不是有个干儿子曾国藩在南京做两江总督吗？只要他给衡州府写个二指宽的条子，保险你把官司打赢。"受到启发以后，老人凑足盘缠钱，背上包袱雨伞，就直往南京奔。

干爹到了，曾国藩夫妇赶紧迎到内室，设宴招待。当老人话入正题，说明来意时，曾国藩打断他的话让他在这儿玩几天再说。他把一个同乡衙役叫来，陪干爹玩。

几天之后，正逢曾国藩接到圣旨升官职，南京的文武官员都来贺喜了。曾国藩在督署设宴，老人也被尊让上席。敬酒时，曾国藩先向大家介绍，首席是他湖南来的干爹。文武官员听了，一齐起身致敬，弄得老头儿怪不好意思。曾国藩说他一生勤劳，为人忠厚，怎么也不愿意到南京久住，执意要返乡里。说着，从小盒子里拿出一把折扇，说是送给干爹的礼物，自己已签过，也请大家在扇上题留大名，作个永久纪念。于是不到半个时辰，折扇两面都写得满满的。曾国藩高兴地把折扇收起，用红绫包好，双手奉送给了干爹。

老人回到家乡之后，一把扇子，使衡州知府知道了他的来历，官司当然也就不在话下了。

帮助家乡亲人，是情；不干涉地方政务，是理。情理之间，曾国藩以灵活变通获得了满意的答案。

"世事洞明即学问，人情练达是文章"，为人处世的学问，其实大有研究。不同的事情，要有不同的处理方法；不同的人，要不同地对待。

人是社会中的人，越是走向高位，人际关系也越复杂。在官场上打滚多年之后，曾国藩改变了早年的耿介，以圆熟的手段，经营着自己庞大而复杂的人际网络。

对于师长辈的，曾国藩在交往中贯穿一个"敬"字，比如对他的老师吴文镕，逢年过节，自然拜谢有加，吴升任江西巡抚赴任时，曾国藩早早起来，一直送到彰仪门外。

祁隽藻，号春浦，当时颇得皇帝宠信，也属师长辈，曾国藩自然少不了与之往来。他知道祁喜爱字画，于是亲自到琉璃厂买了最好的宣纸，给祁写了一寸大的大字二百六十个，恭恭敬敬送上，让祁高兴不已。

对于乡辈同僚，他在交往中贯穿一个“谨”字，即保持一定距离，不可过分亲近，但必须尽职尽责。比如他主持湖广会馆事务，每逢节令时日，他都想得很周到。

对于同学，他在交往中贯穿一个“亲”字，曾国藩说，同学情谊在所有亲情之外是最像亲谊的。这种感情不源于天然，但又胜过天然。因此，他主张对同学要有求必应，尽己力而为之。

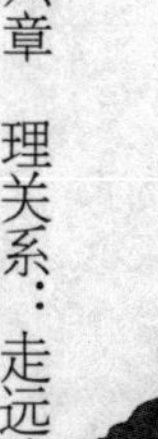

一个人没有必要总是信守一定之规而毫无变通，如果总与周围的人和事拧着来，那是给自己找麻烦。当现实中的人际关系以各种各样的面目出现在我们面前时，我们应当主动去适应它，然后逐渐学会调动、掌控它。

下篇 看胡雪岩做事

第七章
善谋划:事情的成败不在天,而在远谋

立志在我,成事在人。

——胡雪岩

“成事在天,谋事在人”,有些人之所以要名有名、要利有利,并不是上天特别的眷顾,而是他们自己苦口孤诣经营的结果。种瓜者得瓜,种豆者得豆,如果我们能先打下良好的基础,然后再一步步推进实施,那么离心中的理想境地就不会太远了。

心怀大志，是一切人生规划的基点

中国古人早就说过："取法上者得乎中，取法中者得乎下，取法下者得乎无。"所以只有我们对自己的定位够高，信心够足，对于我们的人生经营才大有裨益。

一个人拥有怎样的人生，出身很重要，背景很关键，但是起决定作用的，还是他把自己界定在什么位置上。出生于基层的普通家庭不要紧，只是如果我们被生活磨光了棱角，消磨了锐气，自己看自己也很"下层"、很"普通"，自然也就谈不上什么长远的人生规划了。

晚清的红顶商人胡雪岩在全盛时期，几乎是在代表大清国与洋人做生意，连左宗棠西征所需要的粮草军火，也由他一手操办。至于他名下的钱庄当铺，更是遍地开花，布满全国各地。但是他的起点却很低，他所拥有的一切成就，都是在明确的人生目标的激励下，一步一步自己打拼出来的。

胡雪岩的祖上，按照安徽人的传统，以经商持家。其父胡鹿泉，母金氏，做过沙船生意。因为生意失利，家道渐渐衰落。胡雪岩作为长子，下有兄弟三人，没等他们长大成人，父亲胡鹿泉就撒手人寰，本来就不堪重负的家庭更是雪上加霜。这种情况下，当然没书可读，胡雪岩在十二三岁的时候就不得不进钱庄当学徒，靠自学粗通文墨。当学徒，活计并不累，只是做一些洒扫、倒夜壶之类的杂活。要学习的业务包括珠算、习字、记账、写信等，了解商品性能，熟记银两成色。照这个途径发展下去，最高成就也不外是学成师满，成为一个有模有样的伙计。当然，凭胡雪岩的天资，最后混成一个“大伙”、“掌柜”什么的不成问题，但也是仅此而已了。

在一次偶然的机会，胡雪岩帮助了落魄的官宦子弟王有龄。随着王有龄谋官成功，得到了浙江海运局坐办的肥缺，胡雪岩有了改变现状的机会。这时候，胡雪岩起码有两个在一般人看来相当不错的选择：一是留在王有龄身边帮他的忙，而且，此时的王有龄确实需要帮手，特别希望胡雪岩能够留在衙门里帮帮自己。依王有龄的想法，适当的时候，胡雪岩自己也可以捐个功名，以他的能力，肯定会有腾达的时候。而胡雪岩的另一个选择是回他做过伙计的信和钱庄，以他此时的条件和关系，必将被重用。

但这两条路胡雪岩都没有走。混迹官场本来就不是胡雪岩的兴趣所在，他当然不会走前一条路，帮王有龄他自然不会推辞，但最终还是要干出一番属于自己的事业。而回到信和，做得再好也不过做到“大伙”为止，终归不过是一个“二老板”，并不能事事由自己做主。

“自己做不得自己的主，算什么好汉？”胡雪岩要的就是自己做主，所以他一上手就要开办自己的钱庄——事实是，这时的胡雪岩连一两银子的本钱都还没有，他不过是料定王有龄还会外放州县，以他自己的打算，现在有个几千两银子把钱庄的架子撑起来，到时可以代理官库银钱往来，凭他的本事，定能发达。

“宁为鸡首，不为牛后”，就是要有属于自己的一片天地，就是要有自立门户自做老板的意识，其实这也是一种不甘受制于人的强烈的自主意识。这种自主意识，体现着一种不肯甘居人后的强烈的进取精神，也是一个人敢于冒险开拓的超人魄力的具体体现。这种自主意识，也正是一个可能取得大成就的商人必不可少的素质。一个人只有想得远、看得远，最终才能走得远。

中国古人早就说过:“取法上者得乎中,取法中者得乎下,取法下者得乎无。”所以,只有我们对自己的定位够高,信心够足,对于我们的人生经营才大有裨益。

心怀大志,不甘平庸,则我们的一切人生规划就有了一种源源不断的动力。在平凡的生活之中,我们应当将眼光望向一年、三年、五年甚至十年后,设想自己是这个时代最有力量的人物:假想你拥有相当不错的收入;假想你购买了自己的房子;假想你自己正从事一项永远不用害怕失去地位的工作……专注于这些想象,你就可以把自己的每一天看作一个逐渐接近目标的过程,享受奋斗的快乐。

吃亏是福，让人得利更有人帮

吃亏是福。因为人都有趋利的本性，你吃点儿亏，让别人得利，就能最大限度地调动别人的积极性，在看似绝无可能的地方，开辟出一条属于自己的康庄大道来。

在我们的传统文化中，做人要有德，以浑厚拙诚为贵，至于具体事件的处理，用些手腕也是无可厚非的。有眼光，有谋略，烫手的山芋接过来，也能变成一种可以放心享用的美味。

不放诱饵，就钓不到大鱼。“欲取先予”，为了达到自己的目的，先慷慨地四处送人情；为了做成一笔交易，先不惜大方请客送礼。这些包藏着功利目的脉脉温情，这些吃小亏占大便宜的处世之道，在我们的生活中司空见惯。

有一天，一位老者来到阜康钱庄门前，声称要见胡老板，胡雪岩见来人一副师爷模样的打扮，便知此人必有来头，忙请进内堂叙话。此人自称高师爷，在江宁府任职。胡雪岩察言观色，便知高师爷是混迹官场惯弄刀笔的老吏。寒暄已毕，师爷打破沉默从夹袋里掏出一张官报，请胡雪岩过目。报上有一段地方官职位变动的消息，其中有“江宁知府俞大寿迁升河南藩司”的内容，胡雪岩猜测这也许是师爷来此的原因。高师爷做出一副十分亲近的样子，压低嗓门，悄声道：“千里做官只为钱。我家老爷素来为人慷慨大方，乐善好施，在江宁任内三年，没有攒下财产，却亏空了两万银子。眼下新任已到江宁，等着交接，两万银子的亏空如不设法补上，恐危及前途。”

胡雪岩马上就清楚了，当时，吏治腐败，大凡官场之中官员升迁交接，前任亏空公款司空见惯，只要及时补足差额，在上司那里仍可落个“廉洁清正，操守可嘉”的考语。高师爷此行伸手告贷，就是为了给自己的主子弥补亏空。但这种借钱方式，不早不迟，恰恰在钱庄开业的节骨眼上，尤其耐人寻味。常人看来，弥补亏空款子如填无底洞，钱扔出去就回不来。胡雪岩当伙计多年，见过许多这种情况。有些本钱小的钱庄在官场势力的威逼下替官吏弥补亏空，以致倒闭。

但胡雪岩处事严密周全，与各个衙门搭上关系，又有知府王有龄撑腰，因此许多“吃白食”者尚不敢轻易开口要钱。胡雪岩婉言推辞，高师爷却说：“找个弥补亏空的钱庄，江宁多的是。老朽以为胡老板久居钱业，精细过人，才不远千里来结缘交友。不料胡老板拒人于外，蒙昧难教，实在可惜。”说着，起身便要离开。胡雪岩听他话中有话，再三地挽留。高师爷便直截了当说明来意。因当时正值战乱年代，朝廷规定河南地方每年筹措饷银七十万两，输送军前粮台使用。饷银一般存放在信誉良好的钱庄备用，并且从不计算利息，随时供军队取用。一则充实钱庄本钱，二来可放款以获厚利。而以后这笔官饷的主管，正是那位要上任“河南藩司”的俞大寿。

七十万两对二万两，好处十分的明显，胡雪岩一转念间，已经打定了主意。为了可以让高师爷在藩司面前多美言几句，使自己结交一个新的官场靠山，获得饷银作本金，他连忙让手下摆设上等鱼翅席，频频为高师爷斟酒，双方交谈十分投机。宴毕，他封好二万两的银票，交高师爷转给知府，又私下备了一千两的银票作为小费，送与高师爷。过了大约半月时间，河南饷银七十万两银子，果真划到阜康钱庄。胡雪岩幡然觉悟，感慨丛生：吃小亏占大便宜，古人言之不谬也！

吃亏是福。因为人都有趋利的本性，你吃点儿亏，让别人得利，就能最大限度地调动别人的积极性，使你的事业兴旺发达。曾经有人说过这么一段发人深省的话：“福祸俩字半边一样，半边不一样。”就是说，两个字相互牵连着。所以说，凡遇好事的时候别张狂，张狂过了头，后边就有祸事；凡遇到祸事的时候也别乱套，哪怕咬着牙也得忍着受着，忍过了，受过了，好事跟着就来了。相信“吃亏是福”，可以使心胸变得宽阔，心态更加乐观、积极，从而在看似绝无可能的地方，开辟出一条属于自己的康庄大道来。

唐代京城中有位窦公，聪明伶俐，极善理财，但他却财力绵薄，难以施展赚钱本领，没有办法，他只好先从小处赚起。

他在京城中四处逛荡，寻求赚钱门路。某日来到郊外，却见青山绿水，风景极美，有一座大宅院，房屋严整。一打听，原来是一权要的外宅。他来到宅院后花园墙外，但见一水塘，塘水清澈，直通小河，有水进，有水出，但因无人管理，显得有点零乱肮脏。窦公心想：生财路来了。水塘主人觉得那是块不中用的闲地，就以很低的价钱卖给了他。

窦公买到水塘，又凑借了些钱，请人把水塘砌成石岸，疏通了进出水道，种上莲藕，放养上金鱼，围上篱笆，种上玫瑰。

第二年春，那名权要休假在家，逛后花园时闻到花香，到花园后一看，直馋得他流口水。窦公知道鱼儿上钩了，立即将此地奉送。

这样一来，两人成了朋友。一天，窦公装作无意地谈起想到江南走走，官宦忙说：“我给您写上几封信，让地方官吏多加照应。”

窦公带了这几封信，往来于几个州县，贱买贵卖，又有官府撑腰，不几年便赚了大钱。

郑板桥说过：“为人处，即是为己处。”意思是：替别人打算，就是为自己打算。以古喻今，是同样的道理，目光短浅的人，只贪一时之利；手段高明的人，可让人在不知不觉之中，就落入自己的人情圈子里，心甘情愿地帮自己做事。

运气往往是合理运筹的结果

根据自己所处的环境、自己所具备的条件和优势,对自己的人生进行理智设计及运作,这就是“运”的含义。你选择得正确、把握得及时,设计和运作得得当,你就会获得成功。

对于别人在事业上的成就,人们首先注意到的是光辉灿烂的表面,他们会以为,天时地利都让那小子一个人占了,有这样的好运气,想不出头都难。其实任何一个人的成功都不是偶然的,庸庸碌碌的人很少被幸运青睐,所谓运气,就是先有预备,再遇到了机会。

根据自己所处的环境、自己所具备的条件和优势,对自己的人生进行理智设计及运作,这就是“运”的含义。你选择得正确、把握得及时,设计和运作得得当,你就会获得成功。

胡雪岩曾经说过:“一个人如果要有所成就,一半靠本事,一半靠机会。在我这方面说,挣钱靠眼光,靠手腕,靠精神力气。”所谓精神手腕,有靠智慧赚钱之意,是指把那一个个被自己发现的或遇到的机会,经营成一个个实实在在的财源。

胡雪岩开始做生丝生意的时候,正是西方资本主义工业化大生产,特别是纺织工业大发展的时期,丝绸纺织正需要原料,西洋人也需要从中国大量进口蚕丝,因而无论是做内贸,还是销“洋庄”,都能赚大钱。

有了合适的土壤,再加上合理的运作,没有不成事的道理。胡雪岩的精明与手腕，在这次生意中得到了充分的发挥。当时王有龄得到海运局坐办的官缺，上任伊始便遇到解运漕米的麻烦，请胡雪岩帮助自己渡过难关，使他有了一个奔走于杭州与上海之间的机会。

胡雪岩去上海，雇请的船娘一家正好做过生丝生意，又使胡雪岩有了一个非常方便的请教机会。

在解决漕米运输问题的过程中，胡雪岩又有机会与漕帮发生联系，且结识了十分熟悉洋场生意规矩的古应春。而且，不久王有龄又得到升迁署理湖州，而湖州恰好是最著名的蚕丝产地。这为胡雪岩提供了一个大做生丝的天地。

胡雪岩利用船娘阿珠家就在湖州且熟悉生丝生意的便利，立马出资由阿珠的父亲在湖州开设丝行；同时，他利用王有龄外放湖州知州可以代理湖州官库的便利，利用官府的资金采取“借鸡生蛋”的方法，立即着手生丝收购。然后联系洋商，结交庞二，大张旗鼓地做起了生丝销洋庄的生意。如此一来，他就大发生丝之财了。

这一切恰好都一环扣一环地发生了，胡雪岩这个全不懂蚕丝生意的门外汉，也就顺利地做起了蚕丝生意，进而又销往洋庄，从事蚕丝外贸。

胡雪岩的运气何来呢？首先，他具有一双能看出蚕丝生意大有可为的慧眼，其次是具有那种当机立断说干就干的气魄。在具体的操作过程中，又从多处着眼，合理利用资金，调配人力，赚钱的生意，就在他的精心谋划之下，轰轰烈烈地干了起来。

每个时代都有一些高人，他们在帷幕之中，就对周遭的环境和条件看得一清二楚，然后定下了一环套一环的对策，自导自演了精彩人生。

1989 年 4 月 20 日，一场罕见的风暴席卷了整个泸州市，也让罗代榕所在单位泸州长城机电厂劳动服务公司陷入了瘫痪。罗代榕回家待岗了，时年32岁,女儿刚刚1岁。

从此以后,为了生活,罗代榕做过搬运工,也卖过大碗茶,在这几年的工作中,她越来越强烈地认识到:自己才是自己的救世主。

1992年3月,善于思考的罗代榕东拼西凑借来一笔钱,同两位朋友尝试了人生第一次投资——开了一个加油站,但加油者却寥寥无几,一年下来,投入的钱全部赔进去了。雪上加霜的是:两位朋友也撤了资,罗代榕负债累累。

为什么会这样呢?日思夜想中,一个念头闪过,要是有自己的车队来加油,不就能带动其他汽车来加油了吗?随即,罗代榕果断地找亲戚借来房产证做抵押,贷回2万多元作为开办费,租赁5辆夏利车,成立了泸州市金梦出租汽车公司。策划有方,1994年,金梦出租汽车公司有了微薄利润。

终于看见希望了。罗代榕如释重负。1995年,在泸州当地首次举行的公开拍卖出租车经营权会上,罗代榕在别人惊讶的目光中,贷款买下了20多辆出租汽车的经营权。随后,1997年、1998年,罗代榕又一口气收购汽车修理厂,兼并汽车运输公司,开设汽车配件销售网点。从运输、加油到配件,走的是一条几近完整的产业链路子。精明的女人,在最关键时刻走出了最精明的一步棋。

企业大了,罗代榕从整合开始加强内部管理。1999年,她关掉了一些规模小的企业,“组合优势资源,集中向外发展”。2000年,罗代榕与新疆油田、北京中油等企业签署了合作协议,并共同出资组建公司。此外,她还以3000万元收购了四川煤化股份有限公司。到2001年泸州金梦煤化集团成立时,罗代榕已是千万富翁。

要做大事,必须先确立“立志在我,成事在人”的思想。那些有做大事、立大业素质的人，头脑里三个重要问题必须是非常明晰的：我现在的位置在何处；我下一步的发展规划是什么；我将如何做到这一点，何时做到这一点。谋划得当，才可以避免那种被客观环境、外部影响牵着鼻子走的盲目性。

求长远发展，要懂得舍小取大

目光远大，善于从长远利益考虑问题，不计较一时的赔赚，正是聪明人所特有的赚钱风格。其实在许多时候，放弃也是一种经营之道。有舍有得，只有舍去，才能得到。

一个人在面临利益考验的时候，往往手忙脚乱，失去分寸，最容易只见树木而不见森林。很多时候，舍不得局部或眼前的一些小利益，很可能就会使自己损失整体的利益。有一些事情，表面上看来是获得、是胜利，但是从整体、长远看来却是损失，聪明的人不会被此迷惑，主动放弃眼前利益而保全长远利益才是明智的选择。正所谓“两弊相衡取其轻，两利相权取其重”。

胡雪岩的阜康钱庄开业之初，胡雪岩觉得要做好钱庄的生意，就必须要有名气，要让人感到在你这里存钱不但安全，而且还有利可图。如果能做出名气，即使刚开始成本高一点，以后肯定也能财源滚滚。于是胡雪岩把总管刘庆生找了过来，要他开立十六个存折，每个折子存银二十两，一共三百二十两，挂在自己的账上。

胡雪岩挑拣一张抚台黄宗汉的姨太太玉菡的折子，叫一长相英俊的小伙计谢青，立刻给抚台府邸送去。谢青来到抚台府邸，见了姨太太玉菡，下跪请安后，从怀里掏出折子递过去说：“禀报夫人，小的把折子送过府来了。”玉菡疑惑地打开折子，见自己名头下存银 20 两，不禁惊讶道：“我从未存过你家钱庄，别是弄错了吧？”“没有错，”谢青说，“我家胡老爷吩咐，这 20 两银子是敬送夫人的薄礼，夫人若要体恤我们钱庄，有不急用的银钱可存入庄里，利息优厚，取用方便。”其实这也就是现代社会上的上门推销。

玉菡这才恍然大悟，笑着说：“你们老板真是鬼精灵，生意做到人家闺房中来了。可怜他一片苦心，我这里正好有一笔钱不急用，索性就存入你们庄里吧。”说着，拿出一张 500 两的银票，交给谢青。谢青回到钱庄，回复胡雪岩后，胡雪岩只是点头微笑。

接着，胡雪岩命伙计分头去送折子。没过两天，果然抛砖引玉，各家官眷纷纷来投桃报李，把各种私房钱都存入阜康钱庄，少则几百，多则几千上万。胡雪岩找的这条门路，不仅聚集一大笔资金，而且挣得了天大的一块面子。人人都知道阜康钱庄与衙门上上下下关系密切，便都格外另眼相看。名气一响，生意也就自然兴旺起来了。

事情有大有小，有轻有重，是放下西瓜拣芝麻，还是放下芝麻捡西瓜，这就要看人的眼光了。长者赚大利，短者赚小利，这既可能涉及自身的利益，又涉及他人及整体大局的利益。所以在这样的取舍两难的选择之间，就应该掂量一下事情的分量，尽量采用舍小取大、弃轻取重的处理原则。这样，虽然丢掉了小利，但所换取的可能就是大利。

岛村芳雄是日本东京岛村产业公司的董事长。岛村先以 5 角钱的价格到麻绳厂大量购进 45 厘米的麻绳，然后按原价卖给东京一带的工厂。完全无利的生意做了一年后，“岛村的绳索确实便宜”的名声远播，订货单从各地雪片般飞来。此时，岛村开始按部就班地采取行动，他拿购货收据前去订货客户处说：“到现在为止，我是一角钱也没有赚你们的。但是，这样让我继续为你们服务的话，我便只有破产一条路可走了。”这样与客户交涉的结果，是客户为他的诚实所感动，甘愿把交货价格提高为 5 角 5 分。同时，岛村又到麻绳厂商洽：“你们卖给我一条 5 角钱，我一直是原价卖给别人，因此才得到现在这么多的订货。如果这赔本的生意让我继续做下去，我只有关门倒闭了。”厂方一看他开给客户的收据存根，大吃一惊。这样甘愿不赚钱的生意人，麻绳厂还是第一次遇到，于是毫不犹豫地一口答应他一条算 4 角 5 分。如此一来，以当时他一天 1000 万条的交货量计算，他一天的利润就是 100 万日元。创业两年后，他就成为誉满日本的生意人。

目光远大，善于从长远利益考虑问题，不计较一时的赔赚，正是聪明人所特有的赚钱风格。其实在许多时候，赠予也是一种经营之道。有舍有得，只有舍去，才能得到。如果目光短浅，为小利所蒙蔽，所从事的事业也就没有长足发展。有时，为了顾全大局，保护更大的利益，需要学会暂时舍弃相对较小的利益。人生总是有得有失，有时放弃是为了大踏步地前进，放弃是真正的勇气，也是真正的智慧。向前看，才会有所发展，有所进步。

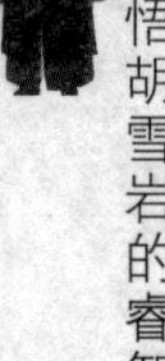

心中有谋略，就没有办不成的事

人们在激烈的竞争中，单纯依靠意志、体力去拼搏是难以成为胜者的。一个成功者依靠的是灵活、敏锐的头脑和科学、丰富的经营感觉。

现实之中，有些人心思不够灵活。他们只会听天由命、随波逐流地生活，很少能够自问：在目前的状态下，我可以改变些什么？创造些什么？

我们要知道，事在人为，只要我们遇事多思考，多尝试，有时候看似不可能的事儿，也会达到"柳暗花明又一村"的新的境地。

在一个大雪纷飞的冬天，一位落难秀才已多顿未吃饭了。这天，他来到一家财主门前想讨口饭。可是这个财主是远近闻名的吝啬鬼，秀才刚到门口，他便叫家丁把秀才轰走。秀才暗下决心，一定要运用计谋吃到这个财主的一顿饭。于是，他就对财主说："我不是来向你讨饭的，我已经在邻村吃得饱饱的了。我只想借盆炭火把我的湿衣服烘干再走，这对你并没有多大损失。"财主眼珠子转了几圈，最后还是答应了，并叫家丁不要给他东西吃。秀才指着火盆边上的一口小铁锅，问财主："这口锅暂时不用，可以借我用一下吗？"财主问道："你又想干什么？"秀才说："我看火这么旺，想熬石头汤喝。"财主惊奇地问："石头能熬汤？"秀才说："这你就不知道了，石头汤的味道好极了。"财主带着好奇答应了秀才的要求。

秀才从院子里捧回几捧雪放在锅里，架在火上烧，到水快开的时候，他从院子里捡回几块石头，用雪擦干净，放在锅里煮起来。石头在锅里发出响

声,秀才还不时地用筷子在锅里搅拌几下,偶尔舀一勺尝尝味道。财主问秀才:“可以不可以放点盐进去?”秀才说:“这样当然味道更好一些。”于是,锅里的淡水就变成了盐水。秀才不着急,继续煮石头。财主还是好奇地问:“这石头汤可不可以放点葱花、蒜苗之类的进去?”秀才回答:“当然多一味比少一味要好。”于是财主便又指使家丁把厨房剩下的葱花、蒜、姜末、辣椒以及饺子馅都放到石头汤里去了。最后,财主索性把案板上的饺子皮、碎肉末、面渣等统统放到石头汤里,待秀才对财主说“好了”的时候,锅里已经是又稠又香的杂烩汤了。于是,秀才饱餐了一顿,烤干了衣服走了。

这是一个寓言式的故事,秀才将自己的机智用在吃饭上,使自己免于受冻挨饿之苦。其实智谋的力量,是无穷无尽的。人们在激烈的竞争中,单纯依靠意志、体力去拼搏是难以成为胜者的。一个成功者依靠的是灵活、敏锐的头脑和科学、丰富的经营感觉。在一般人看来一片荆棘的地方,成功者一样有本事寻找出满地黄金来。

太平天国的战乱过后,很多省份都是一片荒芜,百废待举。这个时候,想做生意的人,也往往找不到地方入手。但是胡雪岩却另有门道,他一项新的大手笔开始了。

这是一项长远的、以钱生钱的生意,接受失败逃亡的太平天国兵将的存款,然后放给两类人,一类是因调补升迁而需要盘缠的官员,另一类则是因战乱逃难到上海而在原籍有田产的乡绅。

对于那些逃亡的旧太平军兵将来说,只求保命保产,根本谈不到还要利息。而胡雪岩将这笔钱用来放债,则可以有大笔可观收入进账,实在是无本万利的便宜买卖。

至于放出去的款子的安全,也早在胡雪岩的掌控之内了。放款给调补升迁的官员,这些人在外放过程中需京里打点、上任盘缠,到任以后买公馆轿马，置仪仗，都要花钱。一万两的借据只实付七千两，而且还不怕借债的人不还。因为一来有京官作保，二来借债人如果赖账，借据递到都察院，御史一参，赖账的人就要丢官。事实上这些人到任之后搜刮地方，一般也有能力还回借款。

放款给由内地逃难到上海的乡绅，也绝不会吃倒账。这些人家在原籍，依赖祖宗留下的田产，靠收租过活，过的是“伸手大将军”的日子，初到上海，凭着逃难时带出来的一些现款细软，日子一长，坐吃山空，也要靠借债度日子。这些人借债，表面看现在无力偿还，但放开眼光来看，这些人的田产还在。官军战胜太平军后，这些人回到原籍还是大少爷。现在可以让他们以田产做抵押，到时不怕他们不连本带利归还借款。

胡雪岩的眼光可谓独到，看得准，算得细，则何愁大事不成。

我们无论做什么事情都是一样，立足现实，着眼未来，从长计议，才是制胜之道。古人有云，“运筹帷幄之中，决胜千里之外”，这句话用在经商做事上，就是正确的判断加上适当的谋略，然后再选择正确的方法，则事业的长足发展，就指日可待了。

事缓则圆，稳坐钓鱼台

世上许多事情的失败，是由于慌张、着急造成的。对人心世事有了深刻的了解之后，我们就会明白，做事不盲目求成，冷静等待静观其变，其实正是最明智的选择。

在我们的一生中，可能会遇到各种各样的复杂情况，这时候，越着急越上火，越容易节外生枝，惹出不必要的麻烦。所以遇到棘手之事，更应稳扎稳打，一步一步按照既定的计划去做。

胡雪岩遇到为难之事时，经常以“缓”字为计应对面前的难题。确实，事缓则圆。这主要是说人们做事万不可犯急躁，要慢慢来。条件不具备之时，万万不可轻举妄动，机会成熟了，才能保证出手必有所得。

生丝生意做起来后，胡雪岩把在湖州收到的一大批新丝运到上海，却并没有像其他商家那样急于脱手。就他当时的经济状况和兵荒马乱的时局来说，按常理，他是应该尽快脱手求现的。因为他的钱庄刚刚开张不久，实力不是十分的雄厚，并没有多少可以周转的资金，就连购这批生丝的资金，其实都是胡雪岩通过官场朋友王有龄挪借湖州解往省城的公款，是一种借鸡生蛋之法。

胡雪岩将这批生丝囤积了起来，以待更好的脱手价格。究其原因，除了洋商开价不理想之外，更重要的是胡雪岩联合江南的丝业同行控制外销市场的条件还没有成熟。胡雪岩因为实力有限，还不足以与洋人讨价还价，只有联合丝业同行才能与洋商抗衡，而胡雪岩在联合丝业同行商业伙伴方面的运作只是刚刚开始，还需要做进一步的工作。胡雪岩不会半途而废让煮熟了的鸭子飞走。压下一笔资金也要耐心等待，等待最好的脱手时机和价位。

胡雪岩一方面请熟悉洋务的朋友古应春加紧与洋商谈判，一方面由刘三才拉拢上海的丝业巨头庞二，做联络同行的工作。到这一年年底至第二年年初，胡雪岩与上海丝商大户庞二已经结成了丝业同盟，对散户的控制取得了显著成效。洋商迫于江南丝业同盟的压力，开价也开始松动，但胡雪岩认为此时仍不为最佳时机，洋商的开价还是不十分的理想。

就这样，胡雪岩与他的同行们坚持到第二年新丝上市前夕，因为朝廷决定要在上海设立内地海关，同时增加了茧捐，为情势所迫，洋人终于迫于清政府和丝业同盟压力，低头认输，最后开出了双方都可以接受的价格。胡雪岩的第一批生丝直到这个时候才最后脱手，他的这批生丝净赚了十八万两银子，利润之高超乎想象，也为他的人生赚取了第一桶金。

胡雪岩凡事权衡利弊、事缓求圆的经商之道，为他赢得令人难以置信的非常利润，从而奠定了他在江南丝业中的垄断地位。“知己知彼，百战百胜”。只有了解了形势的发展变化规律，才能稳坐钓鱼台。想吃肉慢慢炖，火候不到不要急于出锅。同样，做事尤其是做大事要能沉住气。人们常说的“欲速则不达”是很有道理的，条件不成熟时轻举妄动，反而难以控制事态的发展。

宋代冯益是皇帝的医生，也是一名有权势的宦官，大臣们都很恨他。一天，山东泗州的知州启奏皇上说：“外面传闻冯益派人收买飞鸽，还有许多非法的事。”大臣张浚奏请皇上，杀了冯益。赵鼎却表示反对，他说：“冯益的事暧昧不清，但似乎有关国家威望，不是一件小事。如果朝廷不惩罚他，那么，人们会以为他干的那些坏事都是皇上派遣的，这有损皇上的威望，但事情不查清楚，处以死刑，又太重了。不如暂时解除他的职务，流放外地，解除他人的迷惑。”皇上表示同意，把冯益流放到了浙东。张浚很生气，以为赵鼎和自己过不去。赵鼎解释道：“自古以来，要排除小人，急了，小人会抱团聚堆，一致对外，祸害反而更大；慢了，他们就自相排挤，彼此火拼。冯益的罪过，就是把他杀了也不足以告慰天下。但这样做，那些宦官们必然害怕皇上杀顺了手，挨到自己头上，肯定争相为之辩驳，减轻罪过。不如使之遭贬，流放外地。这样，他们见罪过不重，就不会全力营救。同时，冯益让出来的位子，将成为他们争夺和保护的对象，绝不肯再让还给冯益，这就是说，冯益再也休想返还！反过来，如果我们处死冯益，这些人视吾辈为寇仇，其勾结愈加密切，将很难打破啊！”

对人心世事有了深刻的了解之后，我们就会明白，做事不盲目求成，冷静地等待静观其变，其实正是最明智的选择。世上许多事情的失败，是由于慌张、着急造成，往往只要略缓一下，就会收到满意的效果。

“事缓则圆，不必急在一时”，胡雪岩的这句话确实包含了一种深刻的商业经营乃至人生辩证的道理，有时看似不利的事情，只要耐着性子，慢慢地等，就可能会峰回路转，柳暗花明。在成功的路上需要有足够的耐心，只有耐心才能吃到那个大蛋糕。

第八章

讲方法:不同层面的人,要不同对待

世上没有没办法的事,只有没办法的人。

——胡雪岩

所谓做事有方法、有手段,就不能拘泥于一定之规。面对社会上不同阶层、不同背景的人,在利害之间摇摆不定的事态,都要求我们反应要快,办法要多,举重若轻地对待形形色色的人,处理各式各样的问题。

整合各方面力量

“朋友多了路好走”,无论什么时候,多一个朋友,就意味着多一份帮助,就意味着多一些机会。而多一些机会,就意味着多一个契机。

有些人认为人生就是战场,充满着尔虞我诈、你死我活的斗争,根本没有什么人情好讲。其实不然,要想在社会上不被竞争所淘汰,你就必须广交朋友,善于用“情”,建立良好的人际关系。现代心理学和社会学的研究已证实,好人缘具有四大功能,或者说四大作用:

一是产生合力。我们常说“人多力量大”,“团结就是力量”,“人心齐,泰山移”,讲的就是这个道理。

二是形成互补。俗语说:一个篱笆三个桩,一个好汉三个帮。一个人,即使是天才,也不可能样样精通。所以,要完成自己的事业,就必须善于利用别人的智力、能力和才干。

三是联络感情。人是一种感情动物,必须时刻进行感情上的交流,需要获得友谊。

四是交流信息。可以说,掌握了信息就等于把握住了成功。一条珍贵的信息可以使人功成名就,腰缠万贯,而信息闭塞则可能会使人贻误战机,遗憾终生。

胡雪岩一生中能够取得别人无法企及的成功,就是靠了他的好人缘。从内部看,胡雪岩有一些可以生死相托的才智之士鼎力相助。比如古应春,洋行“康白度”，他是当时的知名买办，一口流利的洋文，他对洋人的方方面面都了如指掌。更可贵的是，他对左宗棠和李鸿章之间的矛盾必将导致的对胡雪岩生意的影响，都能准确地发现且不失时机地提醒胡雪岩。古应春忠心耿耿的全力支持，对胡雪岩的一些重要的决策提供了相当大的帮助。

尤五是松江漕帮的实力派当家人，有半黑道性质。尤五具有头脑机灵、处事周到、左右逢源的本事。他拥有庞大的漕帮势力，松江至上海一路，可以通行无阻。而且重义气、讲信用、能忍让，对朋友能以诚相待，大力帮助。比如在杭州被围时，胡雪岩冒死出城到上海为杭州军民筹粮，由于胡雪岩身负重伤，行动不便，从买粮到向沙船帮求助运输，都是尤五独自承办。为了帮胡雪岩筹粮，他甚至向自己的老对头沙船帮低头也在所不顾。失去了尤五和他的漕帮势力的帮助，胡雪岩的生意也不可能发展得如此顺利。

在胡雪岩创业之初，刘庆生忠于职守，为胡雪岩独当一面，全力以赴地料理阜康钱庄的生意。胡雪岩几乎可以完全放心而不必过问。这其实对胡雪岩生意的不断扩大起到十分重要的作用。没有刘庆生的可靠能干，胡雪岩也就不可能在钱庄业刚刚站住脚就有精力腾出手来开辟丝茶、军火等生意。

在钱庄生意上，胡雪岩获得了同行实力雄厚的信和钱庄的大力帮助，阜康钱庄的开办启动资本的一部分就来自信和钱庄的长期借款。在生丝生意上，他又得到了丝商大户庞二的鼎力相助，没有庞二作为后盾，以他自己的实力根本无法一进入生丝行业就开始垄断市场。胡雪岩的每行生意都有着极好的合作伙伴，并且他的每一个合作伙伴都曾对他的事业鼎力相助过。

对于商人，追求金钱利益绝对是第一位的。但一位没有朋友的人，是很难成就一番大事业的。无论什么时候，多一个朋友，就意味着多一份帮助，就意味着多一份机会，而多一份机会，就意味着多一个契机。“朋友多了路好走”，朋友，无论是最好的，还是一般的，他们或多或少地都能给予你帮助和支持，这是每一个办事成功者的“关键”。事实表明，谁的朋友越多，来往越密切，谁的事业就越发达、生活得就越快乐、身体就越健康。有人研究后发现，朋友关系所带来的益处，仅次于婚姻关系，而大于所有其他人际关系，它不仅有助于减轻工作造成的压迫感，丰富生活，而且还是你事业的助力器。

根据美国著名作家达利的说法，人际关系网络的建立绝非一日之功，它是一个人数十年积累的结果。

我们普通人要建立起自己的事业，就必须建立一个属于自己的人际关系圈子，你要知道你一个人的力量是微不足道的。只有有人肯帮你，为你提供机会或者信息，你才有可能迎来自己人生的转机。

舍得付出,招揽人才

不管做什么事都要有一定的付出。你如何对待别人,大家都是心中有数的,如果你迟迟不肯拿出点儿"真东西",任凭说得如何天花乱坠,也别指着他人会真枪真刀地给你卖力气。

有个笑话这么说:一位老板想找个人帮自己办事,要求那个人手脚勤快、力气大、不计较薪水,干活要多,吃饭要少。于是介绍人嘲弄他道:"真有这么个人,我自己早用了,哪里还到得了你这里?"想白白用人,那是异想天开,"又让马儿跑,又让马儿不吃草",什么样的人也是养不住的。

作为一个商人,胡雪岩延揽人才的手腕,除了以诚相待、信则不疑、用之不拘之外,一个很重要的手段就是"以财买才、以财揽才"。他筹办阜康钱庄之初,急需一个得力的"档手",也就是经理人。经过考察,他决定让原大源钱庄的一般伙计刘庆生来担当此任。钱庄还没有开业,周转资金都没到位,胡雪岩就决定给刘庆生一年二百两银子的薪水,这还不包括年终的"花红"。而且,一经决定,他就预付刘庆生一年的薪水。当时在杭州,一个家道小康的人家每月吃、穿、住的全部花费也不过十多两银子。不用说,一年二百两银子,实在是高薪延聘,连刘庆生都感到这实在是太慷慨了。

胡雪岩的这一慷慨,也着实厉害得很。

首先,它一下子就打动了刘庆生的心。当胡雪岩气派地将二百两银子的预付薪水拿出来的时候,刘庆生一下子便激动不已,他对胡雪岩说:"胡先生，你这样子待人，说实话，我听都没听说过。铜钱银子用得完，大家是一颗心。胡先生你吩咐好了，怎么说怎么好！”这意味着胡雪岩的银钱一下子就买下了刘庆生的一颗忠心。

其次，胡雪岩的慷慨也一下子安定了刘庆生的心。正如胡雪岩为刘庆生打算的，有了这一年二百两银子，可以将留在家乡的高堂妻儿接来杭州，上可孝敬父母，下可尽责于儿女，这样也就再无后顾之忧，自然也就能倾尽全力照顾钱庄生意了。而且，手里有了钱，“心思可以定了，脑筋也就活了，想个把主意，自然就高明了”。

正是这一慷慨之举，胡雪岩得到了一个确实有能力、也的确是忠心耿耿的帮手，阜康钱庄的具体营运，他几乎可以完全放手了。

胡雪岩招揽人才从来就是不惜出以重金的，在他看来，以财揽才就如将钱买货，货好价必高，值得重金揽得的人也必是忠心而得力的人。他曾说：“眼光要好，人要靠得住，薪水不妨多送，一分钱一分货，用人也是一样。”他说用人和买物一样，“一分钱，一分货”，话是糙点，但理却不糙。同时，胡雪岩也从不以自己生意的赚赔来决定给自己手下人报酬的多寡，无论赚赔，即使自己所剩无几甚至吃“宕账”，该付出的也绝对是一分不少。

胡雪岩对于自己的另一个爱将陈世龙，也是倾力栽培的。

陈世龙原本是一个整日游手好闲、混迹于湖州赌场街头、吃喝嫖赌无一不精的“小混混儿”。这样的人，在别人眼里自然是不值得一提，但胡雪岩却颇为欣赏，认为他是一个跑外的好手，因而决意要好好栽培他。另外，陈世龙还在丝行帮过忙。丝行是最难做的一种生意，就凭手里一把秤，要把不相识的买卖双方撮合成交易，赚取佣金。陈世龙在丝行干过，说明他很能干。胡雪岩越发中意了，便决定把陈世龙带到自己的身边，让他跟古应春学“洋文”，真正成为可以应付各种场面的人才。生活方面，胡雪岩发现陈世龙很喜欢自己的红颜知己阿珠姑娘，反复思量之后，他觉得与其让阿珠嫁给自己作小，不如让她和陈世龙一夫一妻过日子。如此一举数得，对大家都有好处。如果他们能成为夫妻，饮水思源，都是自己的功劳。结果，胡雪岩不仅撮合成了一对好姻缘，同时也为自己造就了一个生意上的好帮手。

胡雪岩的做法，既有人情，又有远见。生活中我们常常看到有些人，在开辟一项新的业务，或做一项新的投资时，可以毫不犹豫地拿出大把的钱来，但在延揽人才上却做不到如胡雪岩一样的慷慨大方。其实你如何对待别人，大家都是心中有数的，如果你迟迟不肯拿出点儿“真东西”，任凭说得如何天花乱坠，也别指着他人会真枪真刀地给你卖力气。

俗话说，“豁不出孩子套不住狼”，意思是说不管做什么事都要有一定的付出。当然这个付出不单单是物质上的，有时也需要感情上的，你为对方付出多少感情，对方也会为你付出多少感情。要想在社会上把事情办成，必须与很多人建立感情，必须学会“收买人心”。

恰到好处地给予他人利益

送礼送得恰到好处是人情，送得不当是尴尬。送礼不仅要懂得分寸，更要懂得艺术。送什么，送多少，何时送，怎么送，都大有学问。

古往今来，"利"和"礼"都是连在一起的，往往是"利"、"礼"相关，先"礼"后"利"，有礼才有利，这已经成了商务交际的一般规则。送礼的道理不难懂，难就难在具体操作上，是一件需要细心琢磨的事情。你送礼的功夫是否像那些高手一样到家，不显山露水，却能够送得恰到好处，这不仅要满足别人的需要，而且要合乎别人的喜好、兴趣和审美观点。能做到这一点，其效果往往是超出你的意料。

在我们的心目中，"礼"应该是一种看得见、摸得着的实物，其实这倒也不尽然。只要是人们心向往之的东西，对他就是一份厚礼。

苏州有两个姓潘的大族，一富一贵。胡雪岩与家资丰厚的富潘小有来往——他的小妾阿巧姐与潘府的姨太太是要好的姐妹，阿巧姐此时在潘家暂住，胡雪岩有心与潘叔雅结交，便考虑着要置办一份礼物相送。

如果说，仅仅是还人情债，这份礼很容易送，反正花上几十两银子，买四色礼物，情意就算到了。但要谈结交，则必须使潘叔雅对这笔礼重视，甚至见情。他家大富，再贵重的礼物，也未见得放在心上。或者是杭州的土产，物稀为贵，倒也留下一个印象，无奈人在苏州，无法办到。

与人商议之后，胡雪岩决定送一个面子给潘叔雅。也就是说，托请与自己极够交情的江苏学政何桂清去潘府拜访，代为转致谢意。二品大员全副仪仗去拜会一个平民，绝对是够风光的一件事。

旧时“士农工商”四民，从商的排在末位。所以凡富到一定程度的大商贾，必要去捐官，买个顶戴风光风光，但这毕竟还是个虚名，比起真正的官场人物，还是有所不同的。潘叔雅大富，金银珠宝，吃喝享乐之物自然不在话下，所缺的，就是那么一点贵气而已。何桂清翰林出身，做得又是“清贵”的官儿，由他去潘府拜访，在潘叔雅的圈子里，是足以炫耀一时的大事。胡雪岩一文不费，就在苏州潘家博得个懂交情、够面子的印象，以后有什么要合作的事宜，当然会顺利得多。

结交潘叔雅，可以请官场上的人物何桂清代为致意，对何本人，胡雪岩又是如何把他打点得舒服呢？

在湖州时，胡雪岩的官场靠山是知府王有龄，而王有龄与江苏学政何桂清又是故交，如果何桂清能放一任封疆大吏，到浙江来做巡抚，在他的治下，王、胡二人的事业就可以更上一层楼了。

论能力和资格，何桂清也算够分量，可如果不去争取，馅饼也不会凭空掉下来。这事要成功，就需要王有龄出主意，胡雪岩出银子，何桂清自己去京里打点。

封疆开府，主持一地的军政大事，对每个从政的人都有着致命的诱惑。何桂清出身寒门，金榜高中之后，做的都是“清贵”的官职——也就是有名份没好处的位子，当然也想尝尝放外任的滋味。现在有人出钱打基础，从他心底里来说倒是乐意的。

大方向已定，剩下的就是细节上的操作了。于是王有龄写了一封信，详说此事的始末。这封信胡雪岩亲自封缄，内中附了一张五千两银票。虽说白花花的银子谁都爱，但对这位翰林出身、可以“专折奏事”上达天听的学政大人来说，似乎有那么一点儿不恭，何桂清的脸面上也下不去。打听到何学政是云南人，所以胡雪岩特意托人淘弄了四样云南土产：宣威火腿、紫大头菜、鸡枞菌和咸牛肉干，虽然数量不多，但也正因为数量不多，便显得物以稀为贵了。

如此，送银子是主，胡雪岩却送得不动声色，让其处于从属的位置上；送土产虽为宾，却又大张旗鼓地提出来，给何桂清一个应和的台阶。

何桂清收到礼物，心到神知，竟然破例回访。首先向胡雪岩道谢："多蒙专程下顾，隆仪尤其心感，天南万里，何况烽火，居然得尝家乡风味，太难得了。"

胡雪岩这礼物选得巧妙，使何学政大有知己之感，与如此知情识趣的人相交，是可以放心地敞开心扉深谈的。

送人情不仅要懂得分寸，更要懂得艺术。送什么，送多少，何时送，怎么送，都大有学问。送得恰到好处是人情，送得不当是尴尬。不管是有意送的人情，还是无意中送的人情，都有一个让对方如何感受、如何认识的问题。如果让受礼者觉得你这人冒冒失失，不当交，也不当信，这礼就算送砸了。尤其是与位高权重的人结交，一定要突破他的心理障碍，把自己的位置摆得稍稍低一点。赤裸裸地甩出银子来，是收买；而加上一些颇具人情味的花样，就是倾心的结纳了。

如果你"现用现交"，只一锤子买卖，尽管只拿硬通货与对方交换。若想交得深，交得透，就不妨加些感情的点缀，给人一个继续往来的理由。精美的手工艺品、难得的门票、远道的土特产等，都可以淡化交易的味道，表现你的细心和周到。

中国人常说"吃人家嘴短，拿人家手短"。一旦接受了人家的好处，沾了人家的便宜，再拒绝起人家的请求来，就不那么好意思开口。但送礼则需要精心谋划，仔细琢磨，别出心裁，送到对方的心坎里，才会激起感动的浪花，收到理想的效果。

真诚待人也是一种投资

交朋友相互开诚布公，实实在在，才能建立信任感与安全感。一些人好出风头，喜欢在交际中炫耀自己，或故弄玄虚、摆“花架子”，常常使人生厌。

在我们每天遇到的林林总总的人中，总有那么一批，是可以称作朋友的人。与人相交，不是一朝一夕之事，对友要“真”，这是人际交往中第一重要的因素，也是建立正常交际并使之深入发展的基础。相互开诚布公，实实在在，才能建立信任感与安全感。因为谁也不愿意在交际中受骗上当，或者被出卖、被愚弄。一些人好出风头，喜欢在交际中炫耀自己，或故弄玄虚、摆“花架子”，常常使人生厌。

在官场上，王有龄是胡雪岩的至交好友，对于他的事，胡雪岩一向竭心尽力，完全当做是自己的事儿办。当年王有龄刚一接手海运局坐办的差使，就遇到漕米解运的麻烦。朝廷一再催促南粮北运，以解燃眉之急，而王有龄刚刚踏进官场，人生地不熟，他所遇到的困难可想而知。于是胡雪岩出谋划策，打破常规，在上海附近买粮，就地出海，解决了浙江漕米迟迟运不出去的问题。具体运作也是胡雪岩凭着他的手腕，用金钱开路，用酒肉敲门，用各种办法收买、笼络官吏、漕帮首领、钱庄老板、粮商，在生意场上精于算计，诱之以利，从而使海运一事顺利实现，也使王有龄初战告捷，巩固了他在官场的地位，很快升为湖州知府。没有胡雪岩的帮助，王有龄也绝不会成为后来浙江官场上官运亨通的红人。他真诚帮助朋友的过程，实际上也是胡雪岩

走向“红顶商人”辉煌顶点的过程。

“患难见真情”。任何人的一生，难免会碰到失利受挫或面对困境的情况，这时候最需要的就是别人的帮助，而这种雪中送炭般的帮助会让他人记忆一生。

就本身而言，胡雪岩是个雄心勃勃的人物，在开拓自己的事业时，他可以说无所不用其极，在收买人心、拉拢同业、控制市场、垄断价格上可谓绞尽脑汁、精心筹划。但是对于身边的朋友，他一向有情有义。第一次生丝外销的生意成功之后，赚了十八万两银子。数目不能说不大，但是需要打点的地方却很多。胡雪岩在清账后知道给参与者分红后自己不赚反赔时，他断然决定即使一两银子不赚，也该分的分，该付的付，决不能亏了朋友。在这桩生意的运作中，胡雪岩显示出来的足以服众的才能，更让合作者看到他重朋友情分，可以同患难、共安乐的义气。同时，通过这桩生意，他与丝商巨头庞二结成牢固的合作伙伴关系，确立了他在蚕丝经营行当中的地位，其“收益”实在不可以金钱的价值来衡量。

胡雪岩在官场和商场的朋友遍天下，而他结交尤五、魏师爷、俞武松、蹊脚长根等江湖之人，则是用其“勇”。勇毅之人，多讲求一个“义”字。所以使用这样的人才，需要鼓起他们的侠义之心，让他们自己觉得事情非如此办不可。

勇毅之人更需要的是氛围。比如对于尤五，胡雪岩想搬动他去和沙船帮讲和，以邀沙船帮出人护送粮来到杭州，这时单纯的讲道理，恐怕并不能促使尤五下定决心。毕竟，和自己的对头讲和，是一件面上无光的事。但是，身负重伤的胡雪岩在尤五面前屈膝一跪，情势就大为不同了。于公，整整一个杭州城的老百姓在盼着这救命粮，早一日运去粮食，就有可能多救活一人；于私，胡雪岩以爷叔之尊向后生行大礼，事非危难决不至于如此。既然如此，也见得人命关天、诚心天鉴。于情于理，尤五都没有了退路，只能应下这事，把面子抛开不提，非把事情办好不可。

古人尚义，胡雪岩慕义，而且特别注意创造条件，为人做仗义之事。自然，在商言商，胡雪岩离开商业的利益原则去做仗义疏财之事，确实有点舍本逐末。只是在他看来，这实际上也是投资，或远或近，或长或短，这些投资都会连本带利返回来的。交情多表明你的道路多，为蝇头小利而断交情，表明你至多能做小生意。

诚信与义气乃立身之本，在社会交往中起着不可替代的作用。古代谋略家都利用坦诚作武器，几乎所向无敌。无论多么狡猾的人，也都喜欢和坦诚的人交朋友。真诚能感动人，至诚可以感动天。其实，“诚”也是相互的，只有彼此之间坦诚相待，才能建立起真正的朋友们关系，才能同甘共苦，同呼吸共命运。

在真正的大人物面前，卖乖不如卖力

在“真人”面前，只要你的才干、心胸和见识找到买主，下面自然会有好处。对于老板级的人物，与其给他们送小钱，不如替他们创造大的利益。

随着我们事业的不断发展，周围的环境和人事也会发生一些新的变化，在某些时候，也许会有机会接触到一些位高权重的人。虽然说人都是有弱点的，几乎没有人不喜欢利益，几乎没有人不受吹捧，但值得注意的是，归根结底，决定我们命运的还是自己的实力。如果一味在人前玩些讨好他人、笼络人心的小花样，就是低估了那些大人物的智商，结果往往不会尽如人意。

有个叫许允的人在吏部做官，提拔了很多同乡人。魏明帝察觉之后，便派人去抓他。

他的妻子告诫他说：“明主可以理夺，难以情求。”意思是让他向皇帝申明道理，而不要寄希望于哀告求饶。因为，依皇帝的身份地位是不可能随便以情断事的，皇帝以国为大，以公为重，只有以理断事和以理说话，才能维护好国家利益和作为一国之主的身份地位。

于是，当魏明帝审讯许允的时候，许允直率地回答说：“陛下规定的用人原则是‘举尔拨右’，我的同乡我最了解，请陛下考察他们是否合格，如果不称职，臣愿受罚。”

魏明帝派人考察许允提拔的同乡，他们倒都很称职，于是将许允释放了，还赏了他一套新衣服。

许允提拔同乡，根据的是封建王朝制定的个人荐举制的任官制度。不管此举妥不妥当，它都合乎皇帝在其身份地位上所认可的“理”。许允的妻子深知跟九五之尊的皇帝打交道，难于求情，却可以“理”相争，于是叮嘱许允以“举尔所知”和用人称职之“理”，来抵消提拔同乡、结党营私之嫌。这其中的道理，就是贴近对方身份说话的道理。

胡雪岩很多条经商的通道，是拿银子堆出来的，这条路子，甚至在当年的浙江巡抚黄宗汉和江苏学政何桂清那里也屡试不爽。但是到了左宗棠那儿，这话就得另说了。

左宗棠乃晚清一代名臣，性刚气傲，战功卓著，即便胡雪岩与之初会的时候，他也已是诸侯的身份。胡雪岩想在他的身边办事，那些私相授受的小伎俩是没有效果的。要打动左宗棠的心，唯有把话题引向他最关心的安邦定国的大计上来。

胡雪岩表示自己有一万石米，停放在杭州城外的江面上，可随时派人验收。此时清廷国力暗弱，各路官兵的粮饷多靠自筹。所以这一万石米，对左宗棠的意义非同小可，他要建功立业，肃清浙江全境，粮草乃是基础。又听说这是胡雪岩无偿的报效时，不由他不动容，于是摆出深谈的姿态来，将客人移到花厅款待。对胡雪岩，这就是允许他登台唱戏，得到一个宝贵的机会了。

此后，左、胡二人合作默契。胡雪岩在左宗棠施展抱负、建功立名的过程中给予了莫大的支持，胡购武器、采粮、筹饷，还为左宗棠协理洋务。更难能可贵的是，在左宗棠以六十多岁的高龄挂帅出征、与阿古柏等分裂势力逐鹿于西北蛮荒之地时，左的政敌冷嘲热讽，各省观望延援，而胡雪岩精心选购西洋军火，奔走筹借洋款，在帮助左宗棠收复新疆这么一件中外注目的大事中出了大力。

胡雪岩为左宗棠效犬马之劳的结果，是获得了对方的信任和倚重，且看左是怎样评价他的。

左宗棠在一篇奏稿中说：“江西补用道胡光墉，自臣人浙，委办诸务，悉臻妥协。杭州光复后，在藉筹办善后，极为得力，其急公好义、实心实力，迥非寻常办理赈抚劳绩可比。”1865 年 4 月，左宗棠在给长子孝威的信中说：“胡雪岩虽出于商贾，却有豪侠之慨。前次浙亡时，曾出死力相救；上年入浙，渠办赈抚，亦实有功桑梓。”1878 年 3 月 27 日在致谭钟麟的信中说胡雪岩是他“依赖最久、出力最多之员。”

而在扶助左宗棠建功立业的同时，胡雪岩自己的商业王国也迅速崛起，可谓名利双收。

对大人物，那些投机取巧的小花样是行不通的。这就像在一个公司里，你也许可以通过一些小惠小利和迷魂汤结纳中下层，但是对真正的老板却大可不必。有句话叫做“学成文武艺，货卖帝王家”，在真人面前，只要你的才干、心胸和见识找到买主，下面自然会有好处。对真正的老板，与其给他们送小钱，不如替他们创造大的利益。有长期的共同目标，才能有长期合作的交情。

有对手别急着赶尽杀绝

没有永远的朋友，也没有永远的敌人，无论竞争多么激烈的对手，竞争过后都会有联合的可能，因此，竞争总是存在，而“见面”的机会也总是存在的。留人一条活路，等于留给自己一条财路。

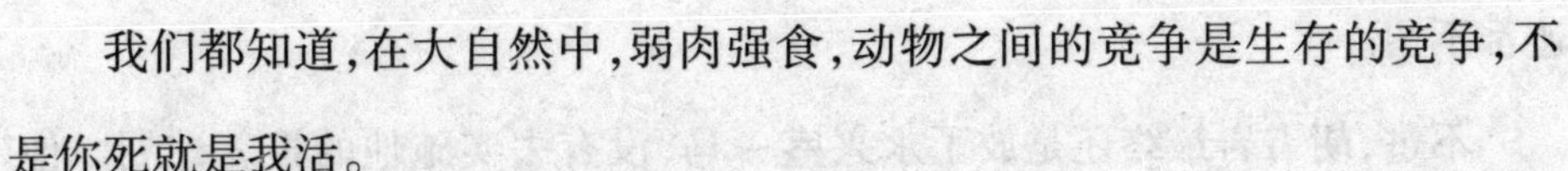

我们都知道，在大自然中，弱肉强食，动物之间的竞争是生存的竞争，不是你死就是我活。

人与人之间呢？在社会上，人们也时时刻刻都在上演着生存空间的竞争，出人头地的竞争。在这些竞争中，是否也是要把你踩下去，然后我站在你的肩膀上升上来？

那种把自己的成功建立在他人的失利上的小人当然有，他们有时候也能获得一时之利，然而长远看来，这种作风一则会使自己的正面形象受损，二则也可能会横生枝节，使人无法消消停停地品尝胜利的果实。

所以，即使是对手，相互之间也要留有余地，无理要让人，得理也不能不让人，这就是所谓的“为人不可太绝”。

胡雪岩有一点很难得，那就是，即使在完全有理由打击生意对手，且完全有条件将对手置于死地的时候，他也不肯有害人之心放出“黑”手。

胡雪岩到苏州，到永兴盛钱庄兑换二十个元宝急用，这家钱庄不仅不给他及时兑换，还凭自诬指胡雪岩的阜康银票没有信用，使他很受了一点气。

这永兴盛钱庄本来就来路不正。原来的老板节俭起家，干了半辈子才创下这份家业，但四十出头就病死了，留下一妻一女。现在钱庄的档手是实际上的老板，他在东家死后骗取那寡妇孤女的信任，人财两得，实际上已经霸占了这家钱庄。永兴盛的经营也有问题，他们贪图重利，只有十万两银子的本钱，却放出二十几万两的银票，已经岌岌可危了。

胡雪岩在这家钱庄无端受气，又关系到彼此的信誉竞争，自然想狠狠整它一下。办法是现成的，浙江与江苏有公款往来，胡雪岩可以凭自己的影响，将海运局分摊的公款、湖州联防的军需款项、浙江解缴江苏的协饷几笔款子合起来，换成永兴盛的银票，直接交江苏藩司和粮台，由官府直接找永兴盛兑现。这样一来，永兴盛不倒也得倒了，而且这一招借刀杀人，一点痕迹都不留。

不过，胡雪岩最终还是放了永兴盛一马，没有去实施他的报复计划。他放弃计划，有两个考虑，一个考虑是这一手实在太辣、太狠，一招既出，永兴盛绝对没有一点生路。另一个考虑则是这样做，很可能只是徒然搞垮永兴盛，自己却劳而无功。风声传出去，说杭州阜康的胡雪岩，手段太辣，苏州同业动了公愤，合力对付，阜康在苏州这个码头就算卖断了。这样一种损人不利己的事情，胡雪岩当然不愿意。

这其间自然有胡雪岩对于自我利益的考虑在起作用，所谓将来总有见面的机会，事情做得留有余地，也就为将来见面留有了余地。事实上，对于生意人来说，这样考虑也是十分必要的。生意场上，没有永远的朋友，也没有永远的敌人，无论竞争多么激烈的对手，竞争过后都会有联合的可能，因此，竞争总是存在，而“见面”的机会也总是存在的。生意场上有一句话，叫做“留人一条活路，等于留给自己一条财路”，不管从哪个角度看，都是有道理的。

在我们的现实生活中，做事给人留余地，也是切切不可轻视的问题。

杭州的关阿龙是做电器生意的，闲暇时爱与几个朋友玩玩牌，输赢大都在万元以内，大家都不当一回事。有一天，一位朋友领了他的老乡来玩，阿龙与他押三张，不多时已赢了七千元，最后一把，没翻底牌之前，两人谁也不示弱，此时筹码已翻到一万元，气氛很是紧张，朋友的老乡额上不停地出汗。阿龙想了想，默默地推了牌表示放弃。其实，按他的牌点，铁定是要赢的。事后，一个在旁边看牌的好友问他为什么不跟，阿龙笑一笑说："玩牌本为取乐，不能把人逼急了。"

阿龙赌得不精，对赌徒的心情却很了解，朋友的老乡，在头几把牌的时候，兜里已快见底了，最后那是在强撑着。既然输不起，再被人伤了面子，没准儿就会生出什么事来。见好就收，以后大家还有相见的余地。

兵法中有一条叫做"穷寇勿追"，逼得人走投无路，任谁都要付出代价的。古人攻城，四面团团围住之后，结合部总要有意无意地留出一个缺口来。这其一，是要瓦解敌人的斗志，看到有出逃的机会，不见得还会人人死守；二是防止对方在绝望之后，反而激发出更大的斗志来，孤注一掷，誓要拼个鱼死网破。

赶尽杀绝是兵家之忌，也是为人处世的大忌，当一个人被逼到穷途末路的时候，临死也要拉个垫背的，这时就没有人可以全身而退了。

第九章

巧用势：能识时务是头等大事

许多看起来难办的大事，居然顺顺利利地办成了，就因为懂得乘势的缘故。

——胡雪岩

“势”字的要义，是指社会的潮流和趋势。对个人而言，与其被潮流裹着走，不如早早察识风向，争取先入为主。同时，“势”字还包括了社会上人与人、人与事、事与事之间一种交互影响的态势，懂得“乘势”者，能更好地抓住机遇。

做大事就要看大局

只是做些小事，挣些小钱，眼明手快、吃苦耐劳也许就够了。真的要做出一番事业，除了这种基本素质之外，还要对社会的发展趋势异常敏锐，及时为自己锁定胜局。

按照经济学的观点，社会财富每隔5年就要重新分配一次。在这一次次地位更迭、财富分配的大变革中，有人得意，有人失望。眼光准、动手快的人，才有望要风得风、要雨得雨，成为时代的骄子。

胡雪岩教导手下总管——钱庄的刘庆生："做生意怎么样的精明，十三档算盘，盘进盘出，丝毫不漏，这算不得什么！要紧的是眼光，生意做得越大，眼光越要放得远。对做小生意来说，今年天气热得早，看样子这个夏天会很长，早早多进些蒲扇摆在那里，这也是眼光。做大生意的眼光，一定要看大局，你的眼光看得到一省，就能做一省的生意，看得到天下，就能做天下的生意。"

胡雪岩说得精彩，做得也同样漂亮。他的眼光，将整个天下尽收眼底。根据当时的形势和人心，就是要帮官军打胜仗。只要能帮官军打胜仗的生意，胡雪岩都做，哪怕亏本也做。在他的心目中，这不是亏本，而是放资本下去，只要官军打了胜仗，时世一太平，什么生意不好做？到那时候，凡是出过力的，公家自会报答，做生意处处方便。

胡雪岩的这种独特的思路，在与左宗棠的交往中得到了充分的验证。

左宗棠西征，胡雪岩做的就是“后勤部长”的工作。他的功绩，一是在杭州设了一座字号“胡庆余堂”药店，规模宏大，声名媲美北京同仁堂的药店。历年，西征部队日常所需的“诸葛行军散”、“辟瘟丹”、“神曲”、“六神丸”之类的药，治跌打损伤的膏药、金创药以及军中所用药材，都由胡雪岩捐解。二是奉左宗棠之命，在上海设立采运局，运输毫无延误。三是经手买外洋火器，物美价廉。各国有新式武器，随时采购，运至军前。

最后一项最重要，即是为左宗棠筹饷，除了借洋债及商债，前后合计在一千六百万两白银以上之外，各省的“协商”，亦由胡雪岩一手经理。协饷未到，而前线不能不发饷时，多由胡雪岩代垫。湘军、淮军多曾出现过索饷哗变事件，只有西征之师从不“闹饷”。

饮水思源，没有胡雪岩筹饷及后勤支援之功，左宗棠的“西征”不可能获得辉煌的成就。左宗棠平定西部，功成名就之后，胡雪岩也迎来了自己人生与事业的顶峰。在生意上，商场助官场之力，官场也助商场之威，二者相辅相成。胡雪岩的钱庄、生丝、典当等事业遍及大半个中国，被称为“财神”。而且，他又获得了朝廷破格优奖。乾隆年间的大商贾，有戴红顶子的，戴红顶而又穿黄马褂的，只有胡雪岩一个人。

不论任何国家、任何年代，跟着时局的发展趋势走的人，总会有丰厚的收获。

第二次世界大战结束后，战胜国决定成立一个处理世界事务的组织——联合国。可是在什么地方建立这个组织的总部，一时间颇费思量。地点应当选在一座繁华城市，可是在任何一座繁华城市购买建立庞大楼宇的土地都需要很大一笔资金，而刚刚起步的联合国总部的每一分钱都肩负着重任。就在各国首脑们商量来商量去的时候，美国洛克菲勒家族听说了这件事，他们出资 870 万美元在纽约买下一块地皮，在人们的惊诧中无条件地捐赠给联合国。

精彩的妙棋还在后面。洛克菲勒家族在买下捐赠给联合国的那块地皮时,也买下了与这块地皮毗连的全部地皮。联合国大楼建起来后,四周地皮的价格立即飙升起来。现在,没有人能够计算出洛克菲勒家族凭借毗连联合国的地皮获得了多少个870万美元。

当洛克菲勒家族这步棋走出,并且有了结果后,人们已经不再对他们的举动不可理解,而是对其拍手叫绝。洛克菲勒家族收获了满园果实,缘自他们不仅仅看到眼前的这一步棋,而是看出了整个时局的大趋势。

以普通百姓的身份为公家效力,走的是一条“曲线救国”之路,对时事分析得越透彻,获得的长远利益机会就会越多。我们每天睁开眼睛,各种信息、各种见闻就会扑面而来,在头脑中对它们整理消化之后,就能找出对自己有价值的东西来。

嗅觉灵敏，走在潮流之先

我们身边的事物每时每刻都在发生着变化，每一天都会有新的机遇产生。培养自己对财富的嗅觉，可以从每一个时段、每一种行业开始，当你能留心他人视而不见的新增热点，并将其当成自己创富事业的契机时，财富已经离你很近了。

在我们身边，机会对每个人来说其实都是均等的。有些人眼里没东西，脚下自然就不会有很多的路。而那些成功者，却能快速感知外界潮流的变化，尤其善于捕捉每一丝商机。

有些人智商不一定低，但在财商上，比起那些感觉灵敏、善于整合资源的成功者还有那么一点差距。培养自己对财富的嗅觉，可以从每一个时段，每一种行业开始，当你能留心他人视而不见的新增热点，并将其当成自己创富事业的契机时，财富已经离你很近了。

胡雪岩对各行生意都有兴趣，在苏州办事时，顺便到南北货名店“孙春阳”探底。

店虽老，却有气派，一眼望去，各司其事，敏捷肃穆。店中有个白胡子老头，捧着管水烟袋，站在店堂中间，左右顾盼，拿着手里的纸媒儿，指东指西，在指挥伙计、学徒招呼客人。

胡雪岩亲自上柜，买的是茶食和蜡烛，也买了几根火腿，预备带回杭州与金华火腿去比较优劣。付款开票，到货房交涉，要店里送到金阊栈。“孙春阳”的牌子真是“硬”，说是没有为客送货的规矩，婉言拒绝。

“这就不对了！”胡雪岩悄悄对跟随的人说：“店规不是死板的。有些事不可通融，有些事要改良，世界日日在变，从前没有外国人，现在有外国人，这就是变。做生意贵乎随机应变。‘孙春阳’从明朝传到现在，是因为明朝下来，一直没有怎么变，现在不同了，海禁大开，时势大变，如果还是那一套几百年传下来的老规矩，一成不变，我看，‘孙春阳’这块招牌也维持不久了。”

时代变了，人也要跟着变，这就是胡雪岩的见识。人创造了社会环境，社会环境也造就了人。但归根结底，人是社会环境的产物。没有一个成大事者，能够脱离他所处的那个时代的舞台。

胡雪岩是一个商人，思之所及，首先考虑到的是利益。在他看来，人要识潮流，不识潮流，落在人家后面，等你想到要赶上去，已经来不及了。

当时官场腐败，朝野上下在对待洋人的态度上有分歧。胡雪岩从商人的实际出发，认为洋人可以为我所用，并率先实践。胡雪岩认为，生意的气度源于一个人的眼光。正源于此，他把眼光投向了国外，知道同洋人做生意才是有前途的事业。

海禁初开之时，中国人当中懂得与外国人打交道的没有几个。胡雪岩凭着自己的聪明和古应春等人的帮助，与外国人周旋斗智。在与外国人进行的丝、茶以及军火交易中大获其利，成为当时的商界第一人。

我们身边的事物每时每刻都在发生着变化，每一天都会有新的机遇产生。发现机遇最紧要的是头脑的训练和素质的提升，如果你一时还无从入手，也不要着急，复制他人的成功模式，也是一个可行的办法。这样虽然在这个世界上你不是第一个吃螃蟹的人，但在一个有限的范围内你又是第一人，因为世界无限大，而你生活的世界却不太大，或者说，你只需要在一定的范围内成功就可以了。

比如陈东升，拍卖公司不是他的发明，但是他接受了外来信息，并融会贯通成自己的东西，所以他成功了。有用的信息，来源于生活的积累。报纸、杂志、电视、网络……都会有大量信息随时随地提供给你参考；食堂、酒会、舞会、咖啡屋……都能成为信息的源泉。善于观察生活的人，总会从中发现潮流的变化，找到自己的位置。

过河拆桥，会使人人侧目

凡事有可为、有不可为，有些事必须要不计得失地去做，这才对自己的良心和方方面面都交代得过去。如果一味趋炎附势、人走茶凉，就等于在人群中竖起“小人”的旗帜，此后不会再有人真心帮你。

人要懂得“乘势”、“造势”和“用势”，为了开创自己的事业，也是无可厚非的。但是应当注意，“用势”的同时，也不能忽略了情义，也就是说，我们做事要善始善终，不能自己打自己嘴巴。否则，岂不成了趋炎附势、人走茶凉的小人？

人往高处走，水往低处流。不管一个人的能力有多大，都是从小处、从低处，一步一步做大做强的。当你走向高处的时候，就好比是一条大鱼，不要忘了当初养育你的小河沟。

左宗棠受朝廷委派筹办南洋防务，为加强实力，预计招募六千人马，至少需要四千支火枪。同时，招募来的新兵粮饷虽说有户部划拨，但需要的开拔费大概是二十五万两。左宗棠西征时，在上海设了一个粮草转运局，由胡雪岩代领转运局的事务。这个时候，左宗棠自然又要想到胡雪岩。

胡雪岩虽然答应下这两件事情，但实际做起来却有些棘手。棘手之处首先还是一个钱字。左宗棠此前为粤闽协赈已经要求胡雪岩拨给二十万两现银，如今又加了二十五万两，再加上相关的费用，已近五十万两之多。若在平时，拿出这五十万两银子对于胡雪岩也并不是特别的为难，但现在情况已经大不相同了。由于中法纠纷，上海市面已经极其萧条，加之胡雪岩为控制生丝市场投入两千万两银子用于囤积生丝，致使阜康钱庄也是银根极紧，难于调动。另外，李鸿章为了排挤左宗棠，不让他在东南插足，已经定计在上海搞掉胡雪岩，授意上海道台卡下各省解往上海的协饷。

境况如此艰难，本来胡雪岩可以向左宗棠推脱这两件事，但他却不愿意这样做。他知道左宗棠虽然入了军机，但事实上已经老迈年高，且衰病侵身，在朝廷理事的时日不会太多，自己为他办事也许这是最后一次了。自结识左宗棠之后，他在左宗棠面前说话从来没有打过折扣，因而也深得左宗棠的信任。胡雪岩一生讲究信用，为自己创下牌子，最后为一件事就把牌子砸了，实在是不划算。

胡雪岩结识左宗棠，将左宗棠作为可以利用、依靠的官场靠山来“使用”，他也确实从这座靠山得利多多。但是，胡雪岩是将左宗棠作为朋友来看，现在左宗棠有求于自己，即使自己的处境再艰难，也要完成左宗棠交给的任务。宁可支撑到最后一败涂地，也要保持自己的信誉、形象。

如果仅从能力范围和是否“识时务”上去判定胡雪岩的做法，这的确有可商榷的地方。只是作为一个念旧情、讲信誉的人，胡雪岩此举却在人前树立了一面旗帜，凡事有可为、有不可为，有些事必须要不计得失地去做，这才对自己的良心和方方面面都交代得过去。而那些在生活中只求跑得快，把过去种种都丢在脑后的人，还真不一定就能取得好的结果。

比如在我们的现实生活中，对现在的单位不满意，那么“人往高处走”，也算符合人生规划、社会趋势，只是如何评价旧单位，倒应当引起我们的注意。

张先生想要跳槽去一家公司。面试时，招聘人员随意问起他为什么要离开原单位，想以此来了解他在原单位的工作表现和人际关系。不料他眉毛一扬，将原单位上上下下数落了一番，从企业的管理混乱到同事的嫉贤妒能和分配的严重不公，大有一种命运不济、怀才不遇之感。听完他的这番诉苦般的叙述，招聘人员不禁皱起了双眉，请他"暂时回去等候通知"。

张先生自以为通过对原单位的指责、贬损和攻击能反衬出自己的能干和对新单位的向往，可是，他错了。因为所有公司都希望员工对企业忠诚，作为招聘单位，当然也是如此。今天你为了新工作可以把原单位说得一无是处，那么谁能保证你明天不会为了某种目的把本单位也说得一无是处呢？

为人处世，"热庙烧香"也没什么不好，我们对现官、现管、上升期的事物尽可以去赶热门，只是不能把用不着的东西就往下踩，不能过河拆桥，只顾乘势而不讲情义。

与时势“合谋”，得来全不费工夫

在成其大事的诸多因素中，对时机的选择与把握是至关重要的，它可以说是我们“乘势”的灵魂。上等的人才能看清时、势、人的交互作用，不动则已，一击必中。

在每个时代，都有一批站在风口浪尖上的弄潮儿，因为掌握了先机，所以一时风光无限。这些人思想敏锐、眼光超前，所以才能乘着大势，迅速抢滩登陆。

胡雪岩是中国历史上第一个以商人的身份代表朝廷向外国引进资本的商人。而在他之前，朝廷还没有向洋人借债的先例，且有明确规定不能由任何人代理朝廷向洋人贷款，连朝廷总理政事的恭亲王曾拟向洋人借银一千万两用于买船，也因“中国断无此办法”而碰壁。所以刚刚筹划此事时，一向果敢决断的左宗棠也心存犹豫。

胡雪岩却认为：“做事情要如中国一句成语说的，‘与其待时，不如乘势’，许多看起来难办的大事，居然顺顺利利地办成了，就因为懂得乘势的缘故。”同样是向洋人借款，以前要办断不会获准，而这时要办却极可能获准。这是时势使然，一则那时向洋人借债买船，受到洋人多方刁难，朝廷大多数人不以为然。而此时洋人已经看出朝廷决心镇压太平天国，收复东南财赋之区，自愿借款以助朝廷军务，朝廷自然不大可能断然拒绝。二则当时军务并不十分紧急，向洋人借款买船尚容暂缓，此时军务重于一切，而重中之重又是镇压太平天国，为军务所急向朝廷提出向洋人借款的要求，朝廷也一定

会听从。三则此时领衔上奏的左宗棠本人手握重兵，且因平定太平天国有功而深得内廷信任，由他向朝廷提出借款之事，其分量自然也不一般了。借助这三个条件形成的大势，向洋人借款不办则罢，一办则准成。

不用说，事实确实如此，这就是“用势”的成功。

具体说来，这种“势”也就是由时、事、人等因素交互作用形成的一种可以助成“毕事功于一役”的合力。

当然，我们更应清楚，在诸多因素中，对时机的选择与把握是至关重要的，它可以说是我们“乘势”的灵魂。在许多事情的处理与运作过程中，即使你是一位身价显赫、举足轻重的人物，即使你的意见很富有科学性、绝对正确，如果你想让你的意见或决策起到更大、更有力的作用或影响，你也必须选择恰当的时机，乘着“势”而发。否则，说早了没用，说迟了徒然自误；说的场合不佳，效果不大，甚者带来副作用。

胡雪岩能够成就一生，在许多场合、事件中游刃有余，就是因为他是一名“乘势”的高手。

卡耐基曾说：“在某种意义上，时机就是一种巨大的财富。”机遇是世界富豪成功路途上不可缺少的因素。俗话说，“时势造英雄”。一个人若是有本领，有实力，而且勤奋刻苦，善于发现机会，其实机遇无处不在，就看你是否能把握住，有时也许只存在万分之一的可能，但是毕竟它存在着，只要以锲而不舍的毅力去争取，就一定能有所收获。

下等的人才做事不看时机，胡打乱撞，所以四处碰壁；中等人才只看表面上的时势，所以屡有失误；上等的人才能看清时、势、人的交互作用，不动则已，一击必中。

懂得借势，化“势”为利

势和利是不分家的，有势就有利，因为势之所至，人们必然会马首是瞻，这就没有不获利的道理。这时我们只需稳扎稳打，把优势变成胜势，把声势变成实实在在的事业和财富。

社会是人群的集合，每个人都在孜孜以求，奋力拼搏。但单独的个人力量与整个社会的力量比较起来，如沧海一粟，高山一草，毕竟太小了。要做一番像样的事业，就不能仅仅局限于自身，必须借助第三者的力量，为自己的事业打基础、造声势，这也是利害成败的决定因素。

首先，胡雪岩借取的是官场中的“权势”。胡雪岩认识到当时商人即使有钱，社会地位却十分低微，必须寻找官场势力当靠山。在借取官场“权势”方面，胡雪岩十分有远见，他不惜丢掉自己的饭碗，挪用钱庄银票资助王有龄；能够忍痛割爱送爱妾给何桂清；在西征时协助左宗棠筹饷运粮购买军火。胡雪岩给予那些官场中拥有权势的官员最需要的钱财、美人和功名，赢得了他们的信任和感激，视胡雪岩为朋友，使得胡雪岩在官场中有了超常的“权势”。

胡雪岩所要借取的第二个“势”是“商场势力”。胡雪岩想方设法垄断上海滩的生丝生意，以控制出口价格的绝对优势取得在商业上的主动地位，他联合丝业同行的商人想办法把外销权抓在手里，让他们跟着自己走。胡雪岩在利益问题上很大度、胸怀十分宽广，显然不是为了一己之利，多挣几个

小钱儿而奔波。胡雪岩坚持有生意大家做,有利益大家分,不能自己互相拆台,好处给了洋人。胡雪岩的这种办事方式和态度深深打动了丝业巨头庞二,最终做到了垄断丝业。

为了促成生意,胡雪岩借助的第三股“势”是“江湖势力”。胡雪岩借助江湖势力是从协助王有龄筹运浙江漕米结交尤五开始的。由于胡雪岩待人宽容、仁厚,在解决漕米问题上,胡雪岩能够与漕帮诚心结交,处处照顾到漕帮的利益。尤五也利用漕帮在江湖中的影响给胡雪岩提供了极大方便。胡雪岩通过浙江巡抚王有龄做了多批军火生意,又为左宗棠的西征大军源源不断地输送新式枪支弹药。有了漕帮的交情,胡雪岩做生意就算在乱世之中有了强硬靠山,寻常的江湖帮派迫于漕帮的强大势力,谁也不敢轻易打他的主意。

胡雪岩借取的最后一个“势”就是“洋场势力”。胡雪岩做生丝生意与洋人打交道时,遇见了洋买办古应春,二人一见如故。两人准备齐心合作,充分利用洋场势力,好好做一番大生意。胡雪岩在洋场地位的确定,是因为他主管了左宗棠为西北平叛而特设的上海采运局。这样一来,逐渐形成了胡雪岩在兴办洋务过程中的买办垄断地位。而洋人看到胡雪岩能够在官场之中呼风唤雨,是大清疆臣左宗棠面前的第一红人,生意一做就是二十几年,钱庄、丝业、军火、药店,无所不能,经济实力非常雄厚,就格外巴结。这也促成了胡雪岩在洋场势力的形成。

人生如棋,布局已经展开,有了咄咄逼人的来头之后,还需要稳扎稳打,把优势变成胜势,把声势变成实实在在的事业和财富。论起具体的操作手法,胡雪岩也有他过人的高明之处。

比如说依靠官场势力做事,好处是信息灵、渠道广,人人都买面子,但是不利因素也有,那就是容易招人非议,给官场上的朋友带来不好的影响。当年胡雪岩要自立门户开钱庄，靠山当然是他的官场好友王有龄，为了不让外界议论王有龄动用公款，营商自肥，胡雪岩提出一个绝妙计划。

他认为，开钱庄最大的一项好处，就是给官府做代理。公家的银子没有利息，等于白借本钱。此时王有龄在官场上有节节上升之势，做州县的行政长官是迟早的事儿。那么不如现在先把钱庄弄起来，没有大批的银两打底子也不要紧，只要弄出点儿声势来，让外人看着红火热闹就行。等王有龄一旦升迁，这家钱庄就可以代理公库收支，征缴的公款。

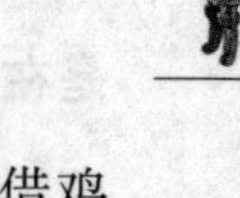

等钱庄这个“虚好看”变成了实实在在的事业，胡雪岩又变了一次借鸡生蛋的戏法。

王有龄此时已经得到了外放湖州任湖州知府的肥缺，马上就要走马上任，而胡雪岩的阜康钱庄也已经立起来了。王有龄一到湖州，第一件事当然就是征收钱粮，将有大笔需要解往省城杭州的现款存到胡雪岩的阜康钱庄。胡雪岩当即用湖州收到的现银，就地买丝，运到杭州再脱手变现。如此，公家的银子不损一毫一两，自己却做成了无本求利的买卖。

势和利是不分家的，有势就有利，因为势之所至，人们必然会马首是瞻，这就没有不获利的道理。一个成功的人生，就应善于从社会生活中发现各种各样的力量积蓄成势，然后充分利用这些资源。有这些资本在手，不管是求官、求财、做事业，都将有事半功倍的效果。

重视“名声”和“场面”的效果

重视“场面”上的事，其实并不是打肿脸充胖子的一味摆阔，它实际上也是在树立自我形象，在向公众显示自己的实力、优势以吸引人们的注意，唤起人们的信任。

“势”是外界的影响力，但是光有顺风、没有好船也是走不远的。如何把自己手中的事业经营得红红火火、有声有色，这是每个做大事的人首先应当考虑的问题。

想让人们都来支持你的事业，有名儿、有影儿是首要的条件。现在的广告，多是密集的立体轰炸法，耳中所听如是，眼中所见如是，定要把一个个名称灌输给消费者。其实，在大众传媒不那么发达的年代，一种润物细无声、不动声色地提升自己身份的做法，在今天仍有其借鉴意义。

胡雪岩做生意，特别注重做场面，以他的意思，做生意首先就要做出一个热闹的场面，而且“场面总是越大越好”。因此，一项生意投入运作之前，他也总要在如何做出一个特别的场面动很多心思。

如何把场面做大、做热闹，不同的人当然有不同的招数。寻常做法，不过也就是装修、剪彩、送花篮、放鞭炮、摆宴席、送礼品、请名人题字作画之类，敲锣打鼓地热闹一场。胡雪岩的阜康钱庄开业之时，这些场面上的事情他也是着实费了一番心思，比如他要刘庆生去选钱庄铺面，就要求房子轩敞气派，装修也要富丽堂皇，不能小家子气。甚至连堂上悬挂的字画，他都想到了，要求第一不能是赝品，惹行家笑话；第二名气不能太小，名气太小配不上“阜康”的招牌，撑不起场面。钱庄开业当天，阜康张灯结彩，柜台里四个伙计一律簇新蓝布长衫，笑脸迎人，请来了杭州城里官商两界几乎所有的名人。胡雪岩亲自接待，摆酒款客，直吃到午后三点多钟，也着实热闹了一把。

生意场上，这些场面上的事情常常是必不可少的。堂皇的门面，不凡的气派，往往是赢得客户信赖的一个很重要的外部条件。一眼看去就给人一种小家子气的商号，一开始就不会被客户重视。从这一角度看，这些场面上的事，其实并不就是打肿脸充胖子的一味摆阔，它实际上也是在树立自我形象，在向公众显示自己的实力、优势以吸引客户的注意，唤起客户的信任。

“胡庆余堂”是做药材生意的，关乎世人的健康和生命，宣传的重点应该是“货真价实”四个字。虽然“修合虽无人见，存心自有天知”，但光天知还不够，还要让人知。

在布局上，“胡庆余堂”先声夺人：以方砖对角砌成的高于墙，势若重关；两扇兽头铜环大门，气度不凡；跨进门，是曲折朱漆回廊，栏杆外栽有名花异卉，廊壁悬有红木板联，刻有名家书法，一看内容却是丸散膏丹药名及其药性，变俗为雅，令人驻足细赏；再进去，才显出个石库雕花墙门，颇有藏舟于壑之妙。再进去，是个两厢护卫、中堂宽敞的花厅，雕栏画栋，金碧辉煌，才见它分明是个店堂，红木柜台，分列左右，两柜之间，放有红木几椅，上面悬有重瓣花形大吊灯。来人至此无不重足翘首，对所售之药自亦另眼相待。

中药最讲用料地道，这一点虽然摸不着、看不到，但是“胡庆余堂”另有办法使之深入民心。比如“大补全鹿丸”，需用鹿身上三十多种珍贵药材，而且必须选用梅花雄鹿。为了保证原料质量，胡雪岩在杭州涌金门外的胶厂内辟设鹿园，养了一群东北梅花鹿，成为西子湖边的一个独特景点。“胡庆余堂”制作全鹿丸往往选“黄道吉日”，抬着披红戴绿的鹿，敲锣打鼓，游街一圈，之后又回鹿园，在众目睽睽之下宰杀、剥皮、放血，除鹿毛、鹿粪外，其余都送进制药工场，以示取材顶真。

无论什么年代，做生意都需要信任感和知名度，若是悄无声息，无人关注，离坐以待毙已经不远了。

做事需要做场面，做人其实也一样。

大文豪巴尔扎克本是学法律的，他的父亲希望他成为一名律师，但大学毕业后，他偏偏想当作家，因此弄得父子关系十分紧张。最后，父亲不再给他提供任何费用，巴尔扎克本来指望靠稿费养活自己，可是他的稿件又不断地被退回来，哪还有什么稿费呢？

巴尔扎克的生活陷入了困境，开始靠借债度日。尽管他的生活异常窘迫，可他居然花了700法郎买了一根镶嵌着玛瑙的粗大手杖。即使是对于有钱人来说，一根镶嵌玛瑙的手杖也是一件奢侈品，而一个连温饱都不能解决的人，花这么多钱买一根手杖，简直是疯了！可是巴尔扎克买手杖的目的不是炫耀，而是提醒自己不要放弃自己的目标。他在手杖上刻了一行字："我将粉碎一切障碍。"就是这句赌气般的豪言，使巴尔扎克在艰难困苦中仍坚持着自己的理想，最后终于取得了巨大的成功。

一根手杖里，包含的是巴尔扎克的生活宣言：虽然还在困窘之中，但是我是强大的，我相信自己，你必须也相信我。

一个人在别人眼里是不是一流人物，来自于他自己给自己贴上的标签。我们从衣着、饰品、言谈举止打造自己，并不仅仅是为了好看。有档次、有实力的形象，可以吸引许多相同层次人的注意力，由此拓展关系，发掘机会，便更加顺利。

在慈善事业中树立形象

要行善举、树形象不但要舍得花钱，而且要花得是时候，是地方，“花一文钱能收到十文钱的效果，才是花钱能手。”

每个时代都有其佼佼者，他们有智慧、有胆识，风云际会，建立起万人瞩目的事业王国来。而成功之后，如何做人与行事，最能考量一个人的心胸和气魄。事实上，历代都不乏十分重视义利两立的极为明智的商业经营者。他们非常善于用余财热心资助慈善、公益事业，这往大里说，是取之于民，用之于民，体恤众生之苦；往小里说，是在慈善中扬名，在事业中得到更大、更高的回报。

胡雪岩作为清末的红顶商人，富甲一方，他也沿袭了历代良贾的优良传统，具有扶危济难的美好品德。

胡雪岩的家乡钱塘江，古称浙江、罗刹江和之江。

晚清时，钱塘江两岸的人们靠渔舟过江，出门必须选个天气晴朗、风平浪静的好日子。有人要渡江，家中亲人常常事先祭祖求神，祈祷平安。不过，即使是这样，也无法保证平安渡江。

为了解决钱塘江两岸旅客渡江的困难，胡雪岩当时捐银十万两，主办钱塘江义渡，并立下誓言说：“此事不做则罢，做则一劳永逸，至少能受益五十至百年。”

当时，由于钱塘江杭州段没有一座桥，浙江绍兴、金华等“上八府”一带的人进入杭州城都要从西兴乘渡船，在望江门码头上岸。当时的叶种德药店设在望江门直街上，由于过往的行人特别多，所以生意非常兴隆。而胡庆余堂则设在河坊街大井巷，顾客主要来自杭嘉湖等“下三府”，很少有“上八府”一带的顾客上门。

为了能够吸引更多的顾客，胡雪岩曾亲自到码头向船工们调查。当时一位船工冲口而出：“要让上八府的人改道进杭州城，除非是你把这个码头搬个地方！”言者无意，听者有心，胡雪岩决定要把码头搬到胡庆余堂的店门口，改变“地利”的劣势。

胡雪岩又沿江实地考察，了解到从西兴上船过江，航程远，并且江上风浪大，容易出危险。于是，他选择了三廊庙附近江道较窄之处，决定在这里投资兴建“义渡”。码头修好后，胡雪岩又出资造了几艘大型渡船，不仅可载人，还可以载车和牲畜，全部实行免费渡江，又快、又稳、又省钱，“上八府”的人闻讯无不拍手称好。这一来，胡庆余堂在“上八府”顾客中的知名度提高了。由于上八府的旅客改道由鼓楼进城，胡庆余堂的地理劣势转为优势了。然而叶种德堂的生意随着“义渡”的开通却迅速冷落。

至于在平日开门做生意的过程中，胡雪岩更是常有慈善之举。他的大经丝行在门口搭有一座木架子，上面是两口可容一担水的茶缸，竹筒斜削，安上一个柄，当做茶杯，茶水中加上清火败毒的药料。另外门上贴一张簇新的梅红笺，写的是：“本行敬送辟瘟丹、诸葛行军散，请内洽索取。”

胡雪岩的徒弟兼助手陈世龙是最得其真传的，他的建议是“我们送的药要定制，分量不必这么多。包装纸上要用红字印上：‘大经丝行敬送’。装诸葛行军散的小瓷瓶，也要现烧，把‘大经丝行’印上去。”胡雪岩表示满意：“世龙，你的脑筋很好。说实话，施茶施药的用意，只有你懂，好事不会白做的，我是借此扬名。不过这话不好说出口，你倒猜到了，实在聪明。”

用现代的商业眼光看，胡雪岩的送药举措，其实也就是一种特殊的广告宣传方式。而且是一种一箭双雕的绝招。第一，为自己挣得了热心公益的好名声；第二，取悦了官方，得到了官方的支持；第三，利用逃难灾民为自己做了大规模的“活”广告，创下了自己的品牌，立定了脚跟。这些条件一经具备，可不就能财源滚滚？

事实上，历年各地有灾荒发生时，胡雪岩都踊跃向朝廷捐赠赈济。想当年，山东大水灾，胡雪岩一次就捐出了二十万两银子。不但捐钱，而且捐粮食、捐棉衣、捐药品。浙江收复后，胡雪岩谒见左宗棠，报告朝廷说自己已经采置粮食万石，运抵杭州。左宗棠当时讲明军饷有困难，战乱刚刚平定，官府财库亏空，恐怕采购粮食的费用一时不能兑现，需要拖欠。胡雪岩听后，随即表示，购粮所垫的十万两银子，全部报效朝廷，不用官府再还。这一行动使左宗棠大为吃惊，为一介商人能够在关键时刻，舍私利而取大义，慷慨捐赠军粮而感动和佩服。他在上奏朝廷的折子中称胡雪岩“实属深明大义不可多得之员”，语多褒扬，恳请朝廷对胡雪岩进行“破格优奖”。

胡雪岩虽然捐献了十万两银子，但却赢得了朝廷的嘉奖和封疆大吏左宗棠的信任，拥有了左宗棠这位官场中的靠山和朋友，为他事业的不断壮大奠定了基础。

要行善举、树形象不但要舍得花钱，而且要花得是时候，是地方，“花一文钱能收到十文钱的效果，才是花钱能手。”胡雪岩行善求名，以名得利，“先做名气后赚钱”，只要名气一响，黄金万两自然便不成问题。

第十章

求稳健:稳可以增加你胜算的筹码

做事不能说碰运气,要想停当了再动手。

——胡雪岩

胡雪岩自称是在“钱眼里翻筋斗”, 在他崛起的过程中,自然是屡出奇招、险招,甚至也玩过“空手道”。这种作风,往往成得快也败得快,但是胡雪岩的可贵之处在于,不管戏法变得如何花巧,但是一是不违背朝廷的法规律令,二是够朋友、讲信义,不做坑蒙拐骗之事,以此为底线,才能保证事业的稳健发展。

做事之前先想清楚一切细节

做事求稳健，这要求我们不但要明确自己前进的方向，而且要把路上具体情况了然于胸。不做事前的调查研究，只凭一腔热血，说做就做，不计后果，最后只能是以失败告终。

胡雪岩出身卑微，一手创立了自己的商业王国，看他平日的行事作风，一向是雄才大略、出手不凡，是晚清的一位奇男子。但凡事只有豪放的气概是不行的，胡雪岩的可贵之处在于，他既能抬起头来看大局，又能沉下心来做繁难之事，越是面临紧要关头，越是胆大心细，不出乱子。

他曾经说过："做事不能说碰运气，要想停当了再动手。"

当年，在杭州被敌军围困之后，知府王有龄依然率军顽强地坚守孤城，最后是弹尽粮绝。一个多月没有粮食入库，百姓饥饿难忍，吃糠、吃草根、吃树皮。

王有龄实在不忍看到城中军民受饥饿的折磨，派胡雪岩冒着生命危险出城，到上海寻亲访友千方百计买了一船救命粮，运至杭州，无奈此时敌军将杭州围得水泄不通，城内城外相望却无法将粮食运到城内。因为自己是熟面孔，胡雪岩就让学徒萧家骥冒险进城，向王有龄通个消息。萧家骥出发之前，胡雪岩详细地告诉他如何到对岸，如何进得杭州城去，遇到敌方又如何应付等。为了防止万一碰到守城的士兵搜身，胡雪岩不敢给王有龄带书信。为了让王有龄确认萧家骥的身份，他把出城前给王家小儿子起的名字

“天佑”告诉了萧家骥。原来，胡雪岩离开的时候，和王有龄有过一次密谈，王有龄有死国之心，只是对自家刚出世不久的婴儿放心不下，让胡雪岩取名，有托孤之意。这件事只有他们两个人知道，别人无论如何也假冒不得。

已历尽辛苦，将救命大米运至城外，成功在望，即使有再大的危险，也必须进行最后一搏。但是要想成功，不仅仅是敢冒险就可以的。越是大事当前，越是要拿出严密的计划来，每一个细节，都要考虑清楚。

现实生活中，我们需要在做事之前进行周密筹划、详细部署，把实际运作中会出现的情况都考虑到，如果只凭一腔热血想到哪里做到哪里，教训往往是残酷的。

做事求稳健，这要求我们不但要明白自己前进的方向，找到前进的道路，而且要把路上每一个小沟、每一个转弯都了然于胸。孙子说：“不知彼而知己，一胜一负；不知彼，不知己，每战必败。”这句话虽然很容易理解，实际做起来却颇难。处于现代社会中的人，均应以此话来时时提醒自己，无论做何种事均应做好事前的调查工作，确实客观地认清自己的具体情况，才能获胜。不做事前的调查研究，只凭一腔热血，说做就做，不计后果，最后只能是以失败告终。

所以，我们无论做任何事，都要认真做出周密的计划，不要盲目，更不要急于求成，要量力而行，一步一个脚印，才能不摔跟头或者说少摔跟头。也唯有这样才能成功。

打擦边球，要守住自己的底线

人的轻举妄为、胡作非为、无效劳动、搬起石头砸自己的脚，以致自讨苦吃的种种行为，无不是在丧失原则、乱了分寸，没有守住自己人生的最底线而发生的结果。

为人死板，不知变通，不讲攻守腾挪的人不容易做大自己的格局。胡雪岩有种说法耐人寻味，他主张：犯法的事，我们不做。不过，朝廷的王法是有板有眼的东西，它怎么说，我们怎么做，这就是守法。它没有说，我们就可以照我们自己的意思做。

打“擦边球”可以使自己在激烈的竞争中保持主动和领先的地位，但这也是一柄双刃剑，要注意凡事不可超过一定的“度”，这个“度”，就是底线，也就是做人的标尺、原则，它可以帮助我们判断什么事能做，什么事不能做。没有规矩不成方圆，只有给自己定下心中的规矩，才能走正确的道路，不去做蠢事、坏事，不去做违法乱纪的事。

胡雪岩的生意开始于太平天国起义由盛到衰的时期，但他决不和太平军做生意，这是他确定的一条决不逾越的大原则。他的钱庄从不向太平军放款，甚至不向与太平军有联系的商人放款。他也不在太平军据守的地区做其他生意，比如粮食、军火都决不运往被太平军占领的地方。因为无论如何当时天下仍然是大清的天下，与太平军做生意就是违反朝廷王法。通融方便可以，但违犯法条不可以，这在他来说，就是照规矩来。

胡雪岩与官府联系过于紧密，人们不免会想到，这里边会有问题。其实胡雪岩经商，自有他的一套经营思路，有他的一套处事原则。

在官款问题上，胡雪岩的原则就是：互相利用完全可以，官私不分绝对不可。

在胡雪岩看来，因为官款有它的含混性，且款目大，用起来很方便。但它不像私款，双方明确了定息、手续，随我怎么用都无所谓。而官款犹如君，伴君如伴虎。依照商人对与"官"有关的东西所特有的谨慎态度，胡雪岩是不会犯糊涂的。胡雪岩向来对官款持一种若即若离的态度，所以。终其一生，你可以说他利用官款借机为自己赚了一把，却绝对不会发生侵吞公款的事情。

人常说"常在河边走，怎有不湿鞋"，但因为心中有准绳，胡雪岩和官府合作数十年，甚至在左宗棠西征时，所需粮饷、军火都由他一手包办，却从没发生中饱私囊、违背律令的尴尬事儿。

做事走正路，往往可以名利双收，即便一笔生意失败了，也有东山再起的希望。而违背法律道义，不走正路，必将遭人唾弃，一旦失败往往一败涂地，名利两失。

一个外国人到海外旅行，回来时将一颗宝石藏在鞋里企图不通过纳税入境，结果被当地海关查出扣留。与外国人同行的犹太人看到这种情况时，非常奇怪地问道："为何不依法纳税，光明正大地入境？"按照国际惯例，像宝石之类装饰品的输出费，一般最多不超过8%。如果缴纳输出费，光明正大地进入国境，若想在国内再把宝石出卖时，只要设法提价8%就行了。因此说，犹太人的依法纳税实在是一个明智之举。从侧面来说，这也反映了犹太人照规矩办事的特点。

在世界上，犹太人是最会做生意、最富有的人种。他们做生意非常灵

活，几乎可以用无孔不入来形容，但他们非常重视规则，认为规则是神圣不可侵犯的，更不可毁坏。在他们心目中，一个人如果不守规则，那他的人格是卑鄙的，他的事业必然失败。

其实，做人也同样需要讲究原则。原则是为人处世的一个最底线，人的轻举妄为、胡作非为、无效劳动、搬起石头砸自己的脚，以致自讨苦吃的种种行为，无不是在丧失原则，乱了分寸，没有守住自己人生的最底线而发生的结果。

底线是我们做事的准绳，是一种约束，但它同时也可以造就我们，是我们赢得社会认可和其他人支持、帮助的有力武器。

求长久利益，就不能出“损招儿”

商业运作最需要讲信义、信誉和信用，也就是说要于正途上“勤勤恳恳去努力”，生意才会长久，所得才是该得。所谓飞来的横财不是财，带来的横祸恰是祸，说的就是这样一个道理。

生意场上，经商就是为了赚钱，目的就是要把别人口袋里的银子“掏”到自己的腰包里来。商人图利，对于生意人来讲，千来万来，赚不到钱不来，赔本买卖更不能做。不过，赚钱要走正道，要光明正大地从别人口袋里“掏”来银子，并且要做到让别人心甘情愿地让你来“掏”。这当然并不是一件容易办到的事，里面也肯定需要许多必需的技巧和诀窍，这也就是所谓的“生财之道”。不懂得生财之道，“君子爱财”终归只能是爱爱而已，绝对是取之不来的。

这里的“道”，应该是指取财而不违背良心，不损害道义的正道。在一定程度上我们可以这样认为，商道实际上也就是人道。经商之道，首先是做人之道。具体说来，也就是要完全依靠个人的胆识、能力和智慧，依靠自己勤勉而诚实地劳动去心安理得地“挣”取，而不是怀着发横财的心思靠歪门邪道、坑蒙拐骗去“诈”取。

“做生意还是从正路上去走最好”，这是胡雪岩对自己身边的人经常提到的一句话。

胡雪岩所说的正路，也就是能按正常的方式、正当的渠道办的事情就不

要用“歪招”、“损招”去做。什么钱能赚，什么钱不能赚，要分得清清楚楚，不能一心只想赚钱而不顾道义，烫手的钱决不拿。

为了确保药材质量，原料进来后，先要拣去其中的杂质。“胡庆余堂”药工宁精勿滥，即使像麝香之类的贵重原料，他们也十分认真地把混在麝香粉里的细毛、血衣一一剔出。虽然这样做使“胡庆余堂”的原料损耗往往高于其他药店，但确保了药品质量和药效。为防止药材霉烂变质，胡雪岩不惜花银子购地四亩，造起东、西、南三个药材仓库。他还专门建造了一个设计独特、阴凉透风、温度适宜的胶库，在此贮藏的驴皮膏历时近百年也不变质。中药贵在纯，胡雪岩要求员工在药品生产过程中严格遵循“修制务精”的准则，就是在原料加工到成品制作的全过程中要精工细作，绝不允许偷工减料，以确保产品质量。

药店人员除能干之外，更要诚实、心慈。药品的质量，只能靠卖药人商业道德的自我约束。不诚实的人卖药，尤其是卖成药，用料不实，分量不足，药品质量不可靠，疗效甚微。病人用过，不仅不能治病，相反还会坏事。

有一句俗语，说是“马无夜草不肥，人无横财不富。”其实这对于人们是一种误导。真正做出大成就的成功商人都明白这样的道理：商业运作是最需要讲信义、信誉和信用，最应该讲诚实、敬业和勤勉。也就是说要于正途上“勤勤恳恳去努力”，生意才会长久，所得才是该得。所谓飞来的横财不是财，带来的横祸恰是祸，说的就是这样一个道理。

一个跟头跌进钱眼里，心中只有钱而没有做人的基本原则，为了钱不惜坑蒙拐骗，伤天害理，便是奸商，奸商与奸诈无耻等值。这种人即使拥有的财富再多，也为人们所不齿。

在胡雪岩崛起的过程中，他屡出奇招、险招，甚至也玩过“空手道”，但是从不使用坑蒙拐骗的下三烂手段挣钱，纵观胡雪岩数十年经商历程，可以发现他始终遵循着以下五条基本原则：

第一，可以为了钱“去刀头上舔血”，但决不违背朝廷的律令和明文规定去赚黑钱；

第二，可以捡便宜赚钱，但决不去贪图于会损害别人利益的便宜，决不为了自己赚钱而去敲碎别人的饭碗；

第三，可以借助朋友的力量赚钱，但决不能够因赚钱去做任何对不起朋友的事情；

第四，可以寻机取巧，但决不背信弃义，靠坑蒙拐骗等一些旁门左道赚昧心钱；

第五，可以将如何赚钱当做所有事情中的重点，但该施财行善、掷金买乐时向来不吝啬。钱不可不赚，但决不做守财奴。

胡雪岩有句话：“没本事的人才去做坏事。”有本事的人，要赚钱也会循正途，坑蒙拐骗乃旁门左道，既不会长久，也成不了大气候。

权益要分明，不能稀里糊涂

与人合伙做事业仅有感情是不够的，还需要在感情之外有按规矩来的保证，把一切都说清楚了，必要的时候，可以通过法律手段规范一下。这样才能避免事先啥都好，事后破脸皮的事件发生。

对于做人处事要责任清楚、权益分明的道理，我们人人都知道，大家常说的“丑话说在前头”、“先小人，后君子”等俗语，就是这个意思。但是说起来头头是道，做起来稀里糊涂的事儿，在我们身边时有发生，这都是做事不周全、不明白的表现。

胡雪岩与南浔的丝业世家的二少爷联手做生意，在合作过程中，胡雪岩的眼光和品性使庞二大为折服。因此，他想让胡雪岩完全加入自己的生意，帮自己全权照应上海的丝行。庞二想出的办法是由他送胡雪岩股份，算是胡雪岩跟他合伙，这样胡雪岩也就有了老板的身份，可以名正言顺地为他管理上海的生丝生意了。

能够彻底与庞二合伙，就当时的情况而言，当然是胡雪岩求之不得的。但胡雪岩表示他不赞成吃“干股”这一套花样，既然庞二同意让他入股，他就必须拿出现银做股本。他的实力不如庞二，可以只占两成，庞二拿四十万，他拿十万，而且还要立个合伙的合同。胡雪岩的想法很明确，感情是感情，生意是生意，不能一概而论搅在一起夹缠不清。因为由于照顾朋友的情分，一时作出慷慨的决定，以后也许后悔而且还有说不出的苦。朋友相交，如果到了这个地步，也就一定不能善始善终，而生意上的合作也不会有好结果。

这样处理这件事情，自然是高明的。从合作的角度来看，胡雪岩拿出这十万现银的股本，他与庞二之间订立了合伙的合同，双方也就有了明确的责任和信用关系，而这一种朋友关系之外的责任信用关系，正是他们长期合作的保证。

胡雪岩的高明之处，在于他深刻地抓住了"钱财账"与"人情账"之间的辩证关系，不重此轻彼，而是完全根据不同的事件、不同的条件去区别对待，处理好二者的相互关系，有取有舍，能宽能严，能做到这一点，也是这个盛极一时的"红顶商人"不同凡响之处。

生意场上仅有感情是不够的，还需要有感情之外的按规矩来的保证，中国有句老话叫做"亲弟兄，明算账"，说的就是这个道理，而这句话中透出的人们由生活经验而来的智慧，也的确是商场中应该遵循的至理名言。

在合伙生意中，特别是好朋友在一起合伙时，往往会因为权益问题而生出种种矛盾。大家当初在学校时，或在某单位共事时，彼此好得跟一个人一样，不仅钱财不分，连衣服都没有分过彼此，一旦合伙做生意，自然也不好意思提议把钱财分清楚，谁要是在这方面太计较了，便显得他太不够意思。朋友有通财之义，斤斤计较，岂不伤了和气？反正有钱大家花就是了，谁花多点，谁花少点，又有什么关系。

这种隐患，时间一长就会发作。到了年终、月尾结算时，发现生意是赚了钱，但赚的钱全部都稀里糊涂开销光了，大家的心里就会开始计较了，你认为他花得多，他认为你花得多。一开始，大家基于过去的友情，还不好意思公开指出来，等到了忍无可忍提出来时，必然会严重地伤害彼此的感情。好朋友一旦决裂，那比不是朋友还严重，他觉得你不够朋友，你认为他不讲交情。到了这种地步，除了大家分手，再也没有更好的办法。

在我们身边，因为责任和利益的问题，知交好友甚至是夫妻、父子对簿公堂的事儿并不少见。这里面的原因，多是由于大家在心里各算一笔账，在算账的过程中，总会有意无意地向自己这一方倾斜，所以算来算去，总是自己吃了亏。彼此协商不了，也就不惜去撕破温情的面纱了。不论结果如何，已经弄得大家都很受伤。

与其走到这种地步，还不如一开始就未雨绸缪，把一切都说清楚了，必要的时候，可以通过法律手段规范一下。当大家都明白自己的职责和权限的时候，相互牵连不清的事儿自然也就消失了。

必要的时候,要学会低调做人

做人以识时务为第一,面对难以抵挡的迫害,一个人知道屈忍保全还不够,还要忍得像样子,忍得让对方感到高兴,才可能彻底逃脱难关。

做人要懂得谦退,从个人修养上说,是正确地估量自己,山外青山楼外楼,水平高的人多得是,一个人无论如何神通广大,也不过宇宙间一个尘埃而已。从为人处世的角度论,自谦也是最实际的。"夹着尾巴"做人不是虚伪而是诚心,自谦招福,自傲招祸。"夹起尾巴"做人,看起来似乎软弱,有时还会让小人得志,但笑到最后的一定是你。

胡雪岩的钱庄事业正做得轰轰烈烈之时,受时局影响,挤兑风潮从上海蔓延到江南大部分地区。胡雪岩的钱庄,本是以代理官府的库银为基础的,大量的现款被提走之后,就会误了国家正用,单这一项罪名就能压死人。

为了先与官府通气以求庇护,胡雪岩决定晋见浙江巡抚刘秉璋。刘秉璋翰林出身,很讲究官场上的礼节秩序,胡雪岩循规蹈矩,按照道员服色穿戴整齐,带着从人上轿到佑圣观巷巡抚衙门。为了表明态度,保持低调,他特意撤去了朝廷赏给有功之臣的红顶和花翎。

手本一递进去,刘秉璋即时在西花厅延见,胡雪岩照官场规矩行了礼,刘秉璋很客气地请他"升炕"。平时他来看刘秉璋,本是在炕床上并坐的,但这天却再三谦辞,只坐在西面椅子上。胡雪岩本身有顶戴,平日与巡抚也是可平辈论交的,但此时是待罪的身份,姿态尤其重要。

做人以识时务为第一，遭遇困厄，就要暂时彻底伏低，表现出一副逆来顺受的可怜样子，这叫置之死地而后生。如果控制不好情绪，会给自己招来进一步的灾祸。

面对难以抵挡的迫害，一个人知道屈忍保全还不够，还要忍得像样子，忍得让对方感到高兴，才可能彻底逃脱难关。否则，虽则你做出了逆来顺受的样了，却又表现出另外的不在乎，就显出了对对方的藐视，还可能招来危害！

西汉的杨恽，为人重仁义、轻财物，为官廉洁奉法，大公无私。可是好人很难一路平安，他正官运亨通、春风得意之时，有人嫉妒他，在皇帝面前说他对皇帝陛下心怀不满，表现得那么廉正只是为了笼络人心，以便图谋不轨。

皇帝虽然不喜欢贪官，但更害怕有人和他唱对台戏，哪怕你才干再好、品德再好，你如果敢对他稍有微词，便会招来灾祸。经人这么一告发，皇帝勃然大怒，把他贬为平民。

杨恽本来官瘾不大，又乐得清闲，虽丢了官却也并不感到十分难过。原先做官时，添置家产多有不便。现在，添置一些家当，与廉政并无瓜葛，谁也抓不到什么把柄。于是他以置办财产为乐，在每天忙忙碌碌的劳动中得到许多平凡生活的乐趣。

他的一个好朋友，听说这件事后，预感到他这样下去可能会闹出大事来，就连忙给杨恽写了一封信说："大臣被免掉了，应该关起门来表示心怀惶恐，装出可怜兮兮的样子，以免别人怀疑。你这样置办家产，搞公共关系，很容易引起人们的非议。让皇帝知道了，不会轻易放过你的。"

杨恽心里不以为然，回信给朋友说："我认为自己确实有很大的过错，德行也有很大的污点，应该一辈子做农夫。农夫虽然没有什么快乐，但在过年过节杀牛宰羊，喝酒唱歌，来犒劳自己，总不会犯法吧！"

怪不得扬恽做不好官，他竟连“欲加之罪，何患无辞”的常识也不懂，有人把他视为眼中钉、肉中刺，又向皇帝诬告说，杨恽被罢官后，不思悔改，生活腐化，而且最近出现的那次不吉利的日食，也是由他造成的。皇帝不问青红皂白命令迅速将杨恽缉拿归案，以大逆不道的罪名将他腰斩了，他的妻儿子女也被流放到酒泉。

本来杨恽戴罪免官之后，应该听从友人的劝告，装出一副甘于忍受侮辱的逆来顺受的可怜样子，这样皇帝和敌人才会不注意他。即使是最凶恶的老虎，看到它的对手已经表示屈服，也会停止攻击。杨恽却没有接受教训，他还要置家产、搞活动、交朋友，这不是明摆着唱对台戏？因为杨恽不能忍住自己的不满情绪，不会提防皇帝和敌人抓住自己不满的把柄，终于酿成了自己被杀、家人遭流放的悲剧。

以上我们所说的，是古人的现实主义。虽然在现代社会，我们的人身安全还是有保障的，但为自己的仕途与事业着想，也没必要一味与当权者唱对台戏，退就退个彻底，态度好了，才不会落人口实。

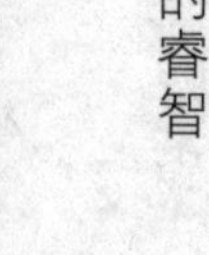

招摇炫耀，是给自己找麻烦

人一旦出了名，除了风光无限，也还有麻烦不断。适当地掩藏起真本事或者是财富，是少受骚扰的一种必要手段。更是一个聪明人应当具备的护身之道。

人若不知道自己斤两，一味招摇炫耀，危机其实已经悄悄地潜伏在他的身边。

人一出头，不知道有多少双眼睛盯着，老老实实做人，尚不能完全保证不遭波折。自己没事再乱抖威风，诚然便是“天作孽，尤可恕。自作孽，不可活”了。

清朝末叶的洋务运动中，真正与外国官商打交道的第一线衙门有两个，一个是设于天津的直隶总督兼北洋大臣，另一个则是设于南京的两江总督兼南洋大臣。

朝廷派左宗棠到南京，担任南洋大臣。左宗棠目空一切，到南京后就和北洋大臣李鸿章干上了，极力铲除李鸿章在江南地区的势力。李鸿章也不好惹，当然也出计谋回击左宗棠。两雄相争，先斩对方羽翼。毫无疑问，胡雪岩是左宗棠最大的羽翼，也成了整个北洋系最显著的靶子。各种麻烦不打一处来，胡雪岩十分机警，见招拆招，一一应付。就在这个节骨眼上，胡家正赶上办喜事，他家三小姐要出嫁了。

胡雪岩让他宠信的姨太太，带着大笔现银赶到上海，采购钻石珠宝，作为女儿的嫁妆。这姨太太很能干，在租界里的一家德国洋行，买到了极为珍贵的一批钻石首饰。这家德国洋行的经理久仰胡雪岩“财神”之名，希望把这批钻石首饰在店里陈列一个星期，让店里大做广告。

德国经理的这份请求，却让胡雪岩颇伤脑筋，一方面，现在外面整个北洋系人马都在等机会找胡雪岩麻烦，胡雪岩有从二品的朝廷官员身份，在上海滩这样招摇，很容易落人话柄。所以公开展览首饰并不妥当。可是，要是拒绝对方要求，自然有话传出去说是胡雪岩现在不比从前了，财力大为缩水了，连嫁女儿都拿不出像样的首饰。如此，对胡雪岩的信用是一大打击，以后做起生意来，场面就要大打折扣。经过考虑，最后决定既是在德国洋行里，首饰旁的说明，就以英文、德文表示，不准写中文。这真是最有智慧的主意，既撑得住场面，又不会引起不必要的麻烦。

俗话说：“人怕出名猪怕壮。”人一旦出了名，除了风光无限，也还有麻烦不断。适当地掩藏起真本事或者是财富，是少受骚扰的一种必要手段。更是一个聪明人应当具备的护身之道。

明朝朱元璋手下的大将徐达，儿时曾与朱元璋一起放过牛，但他并没因此为所欲为，混淆了兄弟与君臣的关系。徐达每次挂帅出征，回来后立即将帅印交还，回到家里过着极为俭朴的生活。朱元璋为了奖励徐达，就想将自己的旧邸赐给他。朱元璋的这些旧邸，是其登基前当吴王时居住的府邸，可徐达死活不肯接受。万般无奈的朱元璋请徐达到旧邸饮酒，将其灌醉，然后蒙上被子，亲自将其抬到床上睡下。徐达半夜酒醒，当知道自己睡的是什么地方后，连忙跳下床，俯在地上自呼死罪。朱元璋见其如此谦恭，心里十分高兴，命人在此旧邸前修建一所宅第，门前立一牌坊，并亲书“大功”二字。

徐达是中国历史上著名的谋将帅才，深得朱元璋器重。但徐达深谙为人处世之道，不论做了多大贡献，也不邀功，不请赏，视自己如平常一样。因为他懂得，不管官有多大，自己有多大本领，都不能太招人非议，引人猜忌，否则，就有可能落得兔死狗烹的下场。徐达病逝后，朱元璋非常悲痛，将其肖像陈列于功臣庙第一位，称之为“开国功臣第一”。

在这个世界上，无论你怎样标榜自己，充其量都是个普通人。今天所拥有的一切，都来自于自己过去的奋斗，如果不兢兢业业地看守好了，就可能被后来者冲上来取代了位置。在我们的周围，自然有朋友，有同盟军和支持者，但是同时也有大把等着看你笑话的对手。你不乱说乱动，他们轻易也找不到你的空门，若一招摇一放纵，就等于开了一道被人攻击的口子。

人要往前走，也要给自己留条退路

我们做任何事情，必须事先设想做最坏的打算，拟好对策，务必使损失减至最低限度。如此一来，即使失败了也不会有致命的伤害，这就可以使自己虽败不倒，还有从头再来的机会。

人在社会生活中的地位和处境是在不断地发展和变化的，在这些变化中，其中有些变化可以预见，可以把握，但更高更深的变化并非如此。因此，人在考虑问题时就应该多做几手准备，为自己留下一条能够保全自己的退路。

给自己留条退路，便不会因为“意外”的出现而把自己逼向绝路，尽可以从容转身。

在胡雪岩的生意由创业而至鼎盛的过程中，他所从事的每桩生意，既敢于冒险，又特别注意为自己留下一条保全自己的安全的“后路”。比如钱庄生意主要是通过兑进兑出以获取商业利润。兑进，自然是吸收客户的存款以作资本，而兑出则是放款，也就是现在的发放贷款。兑出是赚借贷人的利息，自然是利息越高越好，兑进要钱庄向客户付出利息，自然是越低越好，最好是不要利息。表面看钱庄可以稳稳当当坐收渔利，但很难赚取更多的利润。而要赚取大钱，兑进兑出都会冒很大的风险。

从兑出说，如果钱庄放出的款要高利收回，就要找大主顾。大主顾做大生意要大本钱，因为大主顾的大生意能有大利润，也就不在乎借款利率的高低，像这样的主顾放款，自然收回的利也就高。只是借贷者的生意获利越大，所承担的风险也就越大，放款给他们，钱庄也要担风险。万一对方生意失手，血本无归，放出去的款不但收不回利息，甚至连本钱也无法收回。

在兵荒马乱的年月，米商借款贩运粮食，获利极大。获利大，风险也大，朝廷与太平军交战，土匪出没，运粮途中险恶，米商随时都可能血本无归，放款给他们就必须考虑清楚。胡雪岩首先要知道米商的米要运到什么地方去，途中是否较为安全，将风险降到最小，然后决定是否放款。如果风险极大，就要为自己的钱庄发展着想，留下退路，不能放款。

太平天国失败之际，胡雪岩的阜康钱庄私下接受太平军逃亡兵将隐匿私财的存款。太平天国被镇压之后，朝廷自然要追捕“逆贼”，按惯例要抄没他们的家产。如果有人与阜康钱庄为敌，走漏代理太平军存款的风声，朝廷万一追查“逆产”到钱庄，钱庄就必须报缴官库，还有可能被以“助逆”治罪。但是如果被捕的太平军遇赦开释，来钱庄要取回自己的存款，按规矩钱庄必须照付，而存款又上缴官府，这样一来对于阜康钱庄来说也就必然要鸡飞蛋打，就只能赔钱了。

反复权衡利弊之后，胡雪岩决定不管什么人的钱，一律照收照付。只是他叮嘱钱庄的伙计们，要严格按照行业规矩办事，不问客人身份，不打听钱的来历，即使客人有什么异常，也要视而不见。这样，即使以后有人拆阜康的台，向官府打了小报告，也能以“一个钱庄之力，无法辨别全部客人的身份”为理由，把责任推脱出去。只要没有切实的凭据，再加上胡雪岩在官场的深厚根基，也就不会出什么问题了。

胡雪岩做生意深谋远虑，注意未雨绸缪，时时给自己留条后路，以保全自己。

生意场上瞬息万变，许多事情都难以预料。因此，再有本事、实力再强的人，都无法保证自己做生意从不会失手。每一桩生意都需要参与者承担一定的风险，并且生意中获利多少与所冒风险的大小成正比，生意规模越大，获利越大，风险也就越大。在任何情况下，都要预先设想万一失败的情况，事先准备好应对之策。万万不能看到高额的利润就眼红心跳，把风险意识完全丢在一边。有些投资我们是输不起的，所以凡事留有退路，就可以使自己虽败不倒，还有从头再来的机会。

其实我们做任何事情都一样，必须事先设想做最坏的打算，拟好对策，务必使损失减至最低。如此一来，即使失败了也不会有致命的伤害，这一点至关重要。而且，如果我们有了心理上的准备，情绪上就会放松，遇到问题就会从容不迫的解决。

第十一章
懂灵活:心活才可活一切

能大能小是条龙。

——胡雪岩

会办事的人,能把很难办成的事变得易如反掌。而有些人直来直去,不太懂得迂回,结果怎么干怎么不灵。会办事,就要必须懂得灵活之道,可明可暗,可伸可缩,不必霸王硬开弓,也不必总是绕圈子,一切皆因人而论、因事而定。

掌握事态的变化，首先要掌握人

要想做对事，首先要交对人。如果对于朋友、合作者或者下属的人品才干，一时不能摸清楚，那么，一种灵活处事、不动声色的观察人的方法，可以给我们一些启发。

世事复杂，一个人再机警灵活，也不可能把所有的情况了如指掌，处理得毫无挑剔。但是所有问题的本源，基本上还是人的问题，当我们交对了朋友，用对了人时，就算是找到了处理事情的最好门路。

中国古代，诸葛亮提出考察识人的七个方法。“然知人之道有七焉：一曰，问之以是非而观其志；二曰，穷之以辞辩而观其变；三曰，咨之以计谋而观其识；四曰，告之以祸难而观其勇；五曰，醉之以酒而观其性；六曰，临之以利而观其廉；七曰，期之以事而观其信。”

这段话的意思是说，了解一个人的本性有七条办法：询问他对某事的看法，以考察他的志向、立场；用激烈的言辞故意激怒他，以考察他的气度、应变的能力；就某个计划向他咨询，征求他的意见，以考察他的学识；告诉他大祸临头，以考察他的胆识、勇气；利用喝酒的机会，使他大醉，以观察他的本性、修养；用利益对他进行引诱，以考察他是否清廉；把某件事情交付给他去办，以考察他是否有信用，值得信任。

胡雪岩凭着自己的眼光和阅历，把这些识人的法则发挥得淋漓尽致。

在杭州，胡雪岩要给自己新开的钱庄寻个称职的经理，亲自到大源挖墙脚，找到正在做伙计的刘庆生面谈。

“庆生兄府上哪里？”

“余姚。”

“噢，好地方，好地方。”胡雪岩很感兴趣地说，“我去过。”

于是谈余姚的风物，由余姚谈到宁波，再谈回绍兴，海阔天空，滔滔不绝，把刘庆生弄得莫名其妙，好几次拉回正题，问有何见教？而胡雪岩总是敷衍一句，又把话扯了开去，倒像是长夜无聊，有意找个人来听他讲《山海经》似的。

刘庆生的困惑越来越深，而且有些懊恼，但他也具有极坚忍的性格，心里想：“找我来，必有所为，倒偏要看看你说些什么？”就由于这一转念，他再三忍耐。

胡雪岩就是要考验他的耐性。空话说了一个钟头，刘庆生毫无愠色，认为满意，第一关，实在也是最难的一关，算是过去了。

这才谈到刘庆生的本行。胡雪岩是此中好手，借闲谈作考问，出的题目都很难。刘庆生照实回答，大都不错，第二关又算过去了。

“庆生兄，”他又问，“钱庄这一行，我离开得久了，不晓得现在城里的同业，一共有多少家？”

“‘大同行’八家，‘小同行’就多了，一共有三十三家。”

“噢！哪三十三家？”

这下才显出刘庆生的本事，从上城数到下城，以兑换银子、铜钱为主的三十三家“小同行”的牌号，一口气报了出来，一个不缺。这份记性，连胡雪岩都自叹不如。

这是面试，在刘庆生主管阜康后，考察也是随时进行的。

跑完码头回杭州，胡雪岩却不忙回家，一乘小轿直接来到阜康，他事先并无消息,所以这一到,刘庆生颇感意外。胡雪岩原是故意如此,叫他猝不及防,才好看出刘庆生一手经理之下的阜康,是怎么个样子。

因此,他一面谈路上和湖州的情形,一面很自然地把视线扫来扫去,店堂里的情形,大致都看清楚了,伙计接待顾客,也还客气,兑换银钱的生意,也还不少,所以对刘庆生觉得满意。

更重要的探试还在后面,胡雪岩问及总账,刘庆生翻看账簿,说结存的现银,包括立刻可以兑现的票子,一共七万五千多银子。于是胡雪岩借口有急用,当时就要提七万银子,说好只用一天,不会耽误了店里的周转。刘庆生毫不迟疑地开了保险箱,点齐七万两的客票送到他手里。胡雪岩这才完全满意了。

就这么片刻的工夫,他已经神不知、鬼不觉地把刘庆生的操守和才干,都考察了一番。

对于朋友、合作者或者下属的人品才干,我们不一定能摸得那么清楚,只是那种咄咄逼人的盘问和正襟危坐的面试,不但得不到本质的东西,常常还会惹人反感。那么胡雪岩式的灵活处事、不动声色的观察人的方法,是可以给我们一些启发的。从另一方面说,我们平日的言行举止之中,无不随时体现着自己的品性素养,说不定,有时候就有一双眼睛在暗暗地观察我们呢!

事要做活，人也要用活

每个人都有自己的长处和短处，看人用人应长短兼顾，扬长避短。使每个人的能力都发挥得恰到好处，是用人的关键所在。

有这样一件事，在一次工商界聚会中，几位老板谈起自己的经营心得，其中一位说："我有三个不成才的员工，准备找机会将他们炒掉，一个整天嫌这嫌那，专门吹毛求疵；一个杞人忧天，总是害怕工厂有事；还有一个经常摸鱼不上班，整天在外面鬼混。"另一位老板听后想了想说："既然这样，你就把这三个人让给我吧！"

这三个人第二天到新公司报到，新的老板开始分配工作：喜欢吹毛求疵的人负责管理产品质量；害怕出事的人，让他负责安全保卫及保安系统的管理；喜欢摸鱼的人，让他负责商品宣传，整天在外面跑来跑去。三个人一听职务的分配和自己的个性相符，不禁大为兴奋，兴冲冲地走马上任。过了一段时间，因为这三个人的卖力工作，居然使工厂的营运绩效直线上升，生意蒸蒸日上。

水不激不跃，人不激不奋。如何使人才发挥最大效能，老板起着至关重要的作用，扮演着乐队指挥的角色。百人百样，又各具所长，懂得这个道理，老板就应该用人所长，容人所短，因材而用，让智者尽其谋，勇者尽其力。是人才，就让他放出光来。

胡雪岩的二夫人芙蓉的亲叔叔，叫刘三才，因嗜赌成性，又大肆挥霍，弄

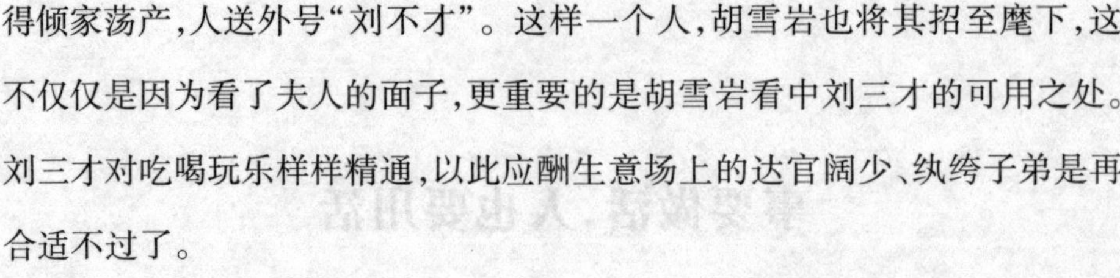

得倾家荡产，人送外号“刘不才”。这样一个人，胡雪岩也将其招至麾下，这不仅仅是因为看了夫人的面子，更重要的是胡雪岩看中刘三才的可用之处。刘三才对吃喝玩乐样样精通，以此应酬生意场上的达官阔少、纨绔子弟是再合适不过了。

胡雪岩想不断地扩大自己的丝业生意，但由于自己在上海势单力薄，无法在整个行业中产生意义深远的巨大影响。于是，他有意与上海丝业巨头庞二进行商业合作，这样就可以在上海丝业市场形成垄断局势，操纵整个上海的丝业行情，控制生丝的价格。然而，庞二自恃在上海丝业首屈一指，财大气粗，一般人难以接近，更难于合作。胡雪岩了解到庞二的性格和脾气之后，他认为通过刘三才来拉拢庞二的关系，将是一个非常好的办法。胡雪岩找到刘三才并安排丝业商会会长张老板出面请客，邀约了庞二和另外两位商界朋友。

三人如约前往，在张老板安排下，大家很快在牌桌前坐定。刘三才因为手中有胡雪岩给的四万两银票壮胆，心里颇为踏实。他开始并不急于和牌，而是认真琢磨每位牌友的打法和路数。前四圈打下来，庞二输了三万多两银票，嘴上不说，可心里还是很心痛。这时刘三才就要完成胡雪岩交给的任务，尽量压住另外两位，帮助庞二和牌，庞二的牌风也顺起来，并接连和了几次大牌，打得另外两位额头冒汗。最后，那二位惨败而归，庞二大获全胜。

对于刘三才在牌桌上的暗中相助，庞二早已是心领神会，心中感激。大家稍作休息，准备回府。离开之前，庞二对大家说后天请客吃饭，再找几位商界的朋友好好玩一场。庞二热情地一再关照刘三才，后天务必光临，刘三才当然慷慨答应。两日后的牌局上，刘三才再次暗中大力协助庞二，使他再度大赢特赢，大获全胜，心满意足。趁庞二牌局上得意之时，刘三才乘机把胡雪岩准备与庞二联合垄断上海丝业生意的意思向他转告，庞二慨然应允。

如果没有精通赌技的刘三才，能不能搞定庞二这种高兴时什么都好、不顺心时什么都不行的富家公子,则实在难说。

“尺有所短,寸有所长”。招揽人才,就好比拿在手里的一副牌,每一张牌都有特定的用途,到什么时候出哪张牌,大小兼顾,认真考虑,最终各尽其能,战胜对手。用人也是一样的道理,每个人都有自己的长处和短处,看人用人应长短兼顾,扬长避短。使每个人的能力都发挥得恰到好处,是用人的关键所在。

建安二十年,魏、吴两军在合肥进行了一场激战,曹操要领兵出战。这次战役的三个主将张辽、乐进、李典三人,都是曹操手下的大将,立有赫赫战功。论资历和能力,三人相差无几;论地位和职务,三人也不相上下,可是三人一直都不合。安排这三人谁守城,谁出战,的确是一种考验。

曹操让张辽和李典领军出战。这两个人都有鲜明的特点,在别人看来办不成、不敢办的事,张辽屡有独见,敢于一搏,所以多次得到曹操的赞赏。经历和实绩表明,这是个文武职务都胜任、有胆有识的人物。要他起组织和协调守军的核心作用是没有问题的。李典跟随曹操的时间虽长,但独当一面的经历很少,李典是个爱学习、有修养、顾全大局的人才。按照用人常规,让李典守城较适宜,而让乐进与张辽一块出战则更加合适。曹操偏偏将二人倒用,细分析,这正是曹操用人上的超常表现。三驾马车,绝无战斗力可言,如把互不和睦的三人拧在一起,必先有两人携手。

大敌当前,张辽置个人得失于度外是没有问题的,李典素有“不与诸将争功”的品格。令他二人出战,自然容易统一思想,相互支持,完成任务。有了这二人的团结和统一,就不愁把乐进带起来了。

这件事也充分体现了曹操“仁者用其仁,智者用其智”的用人之道。招揽人才固然十分重要,如何用人才是关键。只要物尽其美,人尽其才,就不愁大业不成。

对症下药，看人说话

对了心思的话，人们才更容易听进去。如果我们办事的时候，能认清对方的身份和所处的环境，采取不同的说话方式，则可以直接进行有效的沟通，避免不少不必要的枝节问题。

西方有句格言，“如果你不懂得与人沟通的技巧，就别做出人头地的梦了！”这话有些绝对，但是如何把话说到人心里，的确是一门功夫。

同样一件事，总有一个更中听的说法，举一个简单的例子，比如你对邻居说：“我家有一盆花，你帮我修剪一下吧。”对方一定会让你滚到一边去，“哼，要我给你卖体力。”但如果你换一种说法：“我发现你家的花修剪得特别漂亮，你在这方面造诣很高。哎，我家有一盆花，你能不能教教我，看怎么剪才漂亮？”对方一定就会高高兴兴地帮你剪花了。同一件事情，说话的方法不同，导致的结果就截然不同。这就是技巧的作用。

人生于世，往大了说是都有自己的方针目标，往小了说是都有自己的利害喜恶，对了心思的话，大家才更容易听进去。

胡雪岩要做军火生意，托熟悉洋务的古应春拟个可行性计划递交官府。古应春洋洋洒洒地写完，递到了胡雪岩手里。

胡雪岩目光锐利，他知道像这些“说帖”，最要紧的是简洁，要几句话就能把那些大官儿说动心，才是上品。古应春的文笔无可挑剔，但流畅有余，不免啰嗦，他把洋枪、火药的好处，原原本本谈起，好虽好，看来却有些吃力，有些官员有没有看完的耐心，都很难说。

于是，他给古应春提了一个绝好的建议——看似无理，却颇有实效：说英国人运到上海的洋枪、火药有限，卖给官军，就没有货色再卖给洪秀全的军队及各地其他人，所以这方面多买一支，那方面就少得一支，出入之间，要以双倍计算。换句话说，官军花一支枪的钱，等于买了两支枪。

“你这个算法倒很精明，无奈不合实情。英国人的军械，来了一批又一批，源源不绝，不会有什么卖给这个，就不能再卖给那个的道理。”

“是的。应春兄，这种情形，我清楚，你更清楚，不过做官的不清楚，京里的皇上和军机大臣，更不会清楚。我们只要说得动听就行。”

这正是胡雪岩的世情练达之处，要彻底说服人，就要揣摩他的心思行事，一语中的，干净利索。否则，即使洋洋万言，也不啻对牛弹琴。

这是对清末昏庸腐败的官府，对洋人，则可另换一种说辞。

一次成功的交易之后，与胡雪岩合作的洋人哈德逊要开一瓶香槟酒庆祝。古应春心想，胡雪岩对那种带点酸味的淡酒，未见得会感兴趣，而开一瓶香槟很贵，让哈德逊破费还是小事，回头胡雪岩端起杯子一喝，皱眉摇头，浅尝即止，那就是件很不礼貌的事，不如辞谢了的好。

于是他告诉哈德逊，说胡雪岩喝不惯洋酒，不能领受他的好意，表示抱歉。哈德逊便问，胡雪岩是不是不会喝酒？及至听说他的酒量很好时，哈德逊便表示奇怪，说桌上那瓶酒，来自苏格兰，不但是最有名的牌子，而且窖藏甚久，为何胡雪岩不喝？又说，他跟好些中国人有过交往，凡是会喝酒的，都欣赏苏格兰的酒，何以胡雪岩独异？接着又表示，如果胡雪岩不介意，他很想知道其中的缘故。

古应春想敷衍一下，就算过去。倒是胡雪岩看哈德逊不断指着酒瓶和他的酒杯，滔滔不绝地在说话，猜到是谈杯中物，便自己先问起此事。古应

春自然照实回答。

“饮食一道，萝卜青菜，各人自爱，好像女人一样，情人眼里出西施，没有什么道理好讲的。”

古应春把他这一段话译给哈德逊听，洋人大点其头，没有道理好讲，这就是道理。

人说饮食男女几个字，中国人重饮食，西洋人重男女，用男女之事打比方，哈德逊自然心领神会。如果我们办事的时候，能认清对方的身份和所处的环境，采取不同的说话方式，则可以直接进行有效的沟通，避免不少不必要的枝节问题。

若真有对牛弹琴一事，那么不是牛的错误，而是人的错误，让人听进你的话，应从对方熟知的、喜欢的东西入手。否则，即使洋洋万言，也是不得要领。

要管住人，最好让他自己管住自己

管人最成熟的方法还是靠制度，但是对于那些惯会钻空子的人，就只好“以其人之道，还治其人之身”，暂时把他架在被监督的位置上，让他不能自己去挖自己的墙脚。

人心难测，我们每天要和形形色色的人打交道，如果要看着这个，琢磨着那个，那么不是急死，也要累死了。胡雪岩认为，“用兵之妙，存乎一心”，为人处世跟带兵打仗的道理是差不多的，除了看人行事，看事说话，随机应变之外，还要从变化中找出机会来。这才是一等一的本事。

胡雪岩此话，并非纸上谈兵，在收服朱福年一事中，就得到了足够的验证。

在丝业上，胡雪岩最大的合作伙伴庞二的经理人朱福年做事不地道，不仅在胡雪岩与庞二联手的生丝外销生意上作梗，还拿了东家的银子“做小货”，也就是说做他个人的那一摊子买卖。发现了一些蛛丝马迹之后，他的东家庞二自然不能容忍。依庞二的想法，他是一定要彻底查清朱福年的问题，狠狠整他一下然后让他走人。但胡雪岩觉得不妥。他以为，火烧藤甲兵不足为奇，要烧得他服气，死心塌地替你出力，才算本事。

胡雪岩的做法是：先通过关系，摸清了朱福年自开户头、将丝行的资金划拨“做小货”的底细，然后再到丝行看账，在账目上点出朱福年的漏洞。然而他也只是点到为止，不点破朱福年“做小货”的真相，也不再深究，让朱福

年感到自己似乎已经被抓到了“把柄”但又不明白实情。同时，他还给出时间，让朱福年检点账目，弥补过失，等于有意放他一条生路。最后，则明确告诉朱福年，只要尽力，他仍然会得到重用。这一下朱福年真就感慨不尽，彻底服帖了。

胡雪岩的做法，确实十分高明，也十分有效。俗话说，“人怕破脸，树怕剥皮。”人做了坏事，既已被老板揭穿，虽然不给处罚，他也心存感激，但终归落下痕迹而无法相处。如此一来，自然无法再做下去。从这个角度看，既然还当他是个人才，同时还有不能请他走人了事的原因，那还不如为他留下面子，同时又让他心存感激，这样既达到堵漏补缺的目的，又救下了一个人，于己于人，都善莫大焉。

春秋时期，楚国令尹孙叔敖在苟陂县一带修建了一条南北方向的水渠。这条水渠又宽又长，足以灌溉沿渠的万顷农田。可是一到天旱的时候，沿堤的农民就在渠水退去的堤岸边种植庄稼，有的甚至还把农作物种到了堤中央。等到雨水一多，渠水上涨，这些农民为了保住庄稼和渠田，便偷偷地在堤坝上挖开口子放水。这样的情况越来越严重，一条辛苦挖成的水渠，被弄得遍体鳞伤，面目全非，因决口而经常发生水灾，变水利为水害了。

面对这种情形，历代苟陂县的行政官员都无可奈何。每当渠水暴涨成灾时，便调动军队去修筑堤坝，堵塞漏洞。后来宋代李若谷出任知县时，也碰到了决堤修堤这个头疼的问题，他便贴出告示说，今后凡是水渠决口，不再调动军队修堤，只抽调沿渠的百姓，让他们自己把决口的堤坝修好。这布告贴出以后，再也没有人偷偷地去决堤放水了。

有些时候，人们干些损公肥私的事儿，多是由于制度不明确，监管不力。但是也有时候，我们也会碰到一些素质不高、私心太重的人，置法纪于不顾，一心往有利的地方扑，怎么办？

当制度不能发挥作用的时候，就只有利用李若谷的办法，使其以子之矛攻子之盾。当他发现这样做得到的好处还不如他损失的多时，他自然也就不会再去做这样的事情了。

要说管人，最成熟的方法还是靠制度，但是对于那些惯会钻空子的人，就只好“以其人之道，还治其人之身”，暂时把他架在被监督的位置上，让他不能自己去挖自己的墙脚。当他掂量明白了其中的轻重利弊之后，一般情况下，就不会一意孤行，去打自己的小算盘了。

什么时候，都不要把话说绝

回绝别人的时候，我们的态度要明确，但要注意口气不可太生硬，不要刺激对方的情绪。这样，既尊重对方又不会使其产生误解。

在我们与他人的交际和交谈中，由于彼此的立场、观点和利益不同，所以我们常常必须拒绝或回绝对方的一些要求和想法。这种拒绝或回绝对我们是必须的，不能不说，不能不做。但是我们也会因为这种拒绝或回绝，而让对方受不了或吃不消，弄得很尴尬。对于这种立场、观点和利益的问题，乍看起来似乎是一些无法回避的问题，只能鱼死网破。但细想一下，其实也不尽然。遇到这种情况，我们也可以不直接回话，不直接做事，我们可以用一种比较温婉的方式和说法，让对方比较容易接受一些，情绪较少受到刺激。

清代末叶，江浙的养蚕人家，大部分是产销合一的。茧子固然可以卖给领有"部帖"的茧行，但茧行估价不高，而且同行公议，价格划一，不卖茧则已，卖茧子一定受剥削，再则收茧有一定的日子，或者人等不及，急于要钱用，或者茧子等不及，时间一长蚕蛾会咬破茧子，所以除非万不得已，人们总是自家养蚕，自家做丝。这就能养活许多人了，因为做丝从煮茧开始，手续繁多，缫丝以后"捻丝"、"拍丝"，进炼染房炼染，纬丝捻成经丝，还有"掉经"、"牵经"等名目，最后是"接头"，到此方可上机织绸。

一旦出现了机器缫丝厂，茧子由机器这头进去，丝由那头出来，什么"拍丝”、“牵经”都用不着了，这一行的工人，也都敲破饭碗了。更为严重的是，江浙农村，几乎家家户户都有缫丝的纺车，妇女无分老幼，大都恃此为副业，孤寒寡妇的“棺材本”，小家碧玉的“嫁时装”，出在一部纺车上的，比比皆是，如果这部纺车一旦成为废物，那就真要出现“一路哭”的场面了。

因此，早就不断有人向胡雪岩陈情，要求他出面控制机器缫丝厂，因为他的力量太大，手头经常握有价值三百万两银子的一万包丝在手里，可以垄断市场。而在洋人那里，当然也不愿放弃中国这块大市场，所以怡和洋行竟搬动了中国通赫德来谈条件。

赫德开出的条件很好，“市价以外，另送佣金”，这便是两笔收入。坐享厚利，在他人看来求之不得，而胡雪岩却只好放弃。江南是他的大本营，若只为自己眼前的利益，被失业的百姓千夫所指，以后在这地面上就不好混了。

另一方面，赫德以洋人的身份久居中国，极受朝廷的重视，主持海关事宜多年，并赐了二品的顶戴，他的面子胡雪岩也不能不买。在这种情况下，就要寻找一种能让人接受的说法。

于是胡雪岩从从容容地答道：“中国人有句话，叫做‘在商言商’，怡和这样好的条件，我求之不得。不过，鹭翁总也晓得广东的情形，因为当地人砸了饭碗，一气之下，缫丝的机器都打坏了。如果我同怡和订了合同，起了风潮，不是我一个人的损失，地方上也要受害。如此一来，从我们浙江巡抚到军机处，到总理衙门，岂不都要怪我？‘都老爷’的厉害，您在京多年，总也晓得，他们会饶得了我？”随后，胡雪岩突然一转：“不过，您不是替怡和做说客，您是为了我们中国富强，这件事情，一定要弄它成功，等我同各方面筹划出一个妥当办法出来，只要不起风潮，不影响市面原来靠养蚕缫丝的人家，让他们有条生路，我一定遵您的吩咐，只跟怡和一家订约。至于额外的佣金，是您的面子，我绝不敢领。”

这番话说得很漂亮，但赫德是有名的老奸巨猾，对中国的人情世故，摸得透熟，心想不起风潮，不坏市面，还要养蚕人家有生路，要避免这三点的“妥当办法”，花十年的时间也未见得能筹划得出来。然则什么“只跟怡和一家订约”，额外佣金“不敢领”，无非是有名无实的“口惠”而已。

话虽如此，他仍能体谅胡雪岩的苦心，明明是办不到，或者说他不肯抹杀良心，不顾利害去做事，有他刚才前半段的话，也就够了，而还有后半段“不过”以下的补充，是一种很尊重客人的表现，其意还是可感的。

做大事的人，当然要有自己的主见，不能做好好先生，对方说什么是什么。但是如果答应了做不到，或者做得虎头蛇尾、一塌糊涂，倒不如一开始就有句明白话，表示自己实在无能为力。当然，这不是让我们做一个冷面无情的机器人，“买卖不成仁义在”，即使是拒绝他人，我们也应该注意口气不可太生硬，不要刺激对方的情绪。在赞同中转折是基本技巧，再表示一下你的诚意则是锦上添花。

有本事的人，决不和人挤独木桥

千军万马过独木桥，常常会挤得人仰马翻。其实无论做人还是做生意，都要以和为贵，与其和对手打内耗战，不如独树一帜，强化自己的优点。只要定位得当，自可达到不战而胜的目的。

有些人思想狭隘，做任何事情都喜欢多吃多占，拼了命也要打压对手。其实世界之大，路是走不尽的，钱也是赚不完的。与其和对手打内耗战，不如独树一帜，强化自己的优点。只要定位得当，自可达到不战而胜的目的。

在太平天国兴起的形势下，江南各地纷纷招兵扩军，开办团练以守土自保。从政府到百姓，人心惶惶。胡雪岩认为，加强防守的办法是大办团练、扩充军队，有了兵就要有兵器，因而各地急需大批洋枪洋炮。在兵荒马乱之中，做军火生意利润十分丰厚。胡雪岩决定充分利用自己在官场的靠山和势力，大做军火生意。

胡雪岩从生意伙伴古应春那里了解到，英国人有一批枪支近期运抵上海，正在与太平军商量价格，准备卖给太平军。这是赚大钱的机会，胡雪岩当然不会放过，他给朝廷上了一份有理有据的“说帖”，鼓动官府抢在太平军之前做这笔生意。向英国人购买枪支的计划批准之后，胡雪岩自然就成了清廷与洋人交涉的总代理。买枪的生意大获成功，古应春认为应当乘胜追击，继续做大炮的生意。

胡雪岩却认为，此事应当从长计议。当时，浙江有个龚振麟不仅发明了铸炮铁模,对铸炮技术十分有研究,他的儿子名叫龚之棠,继承了父亲的技术和经验,并且多有创新。父子二人,都很得浙江巡抚黄宗汉的欣赏和重用。胡雪岩认为,自己一旦买进西洋炮,必然要替换浙江炮局制造的土炮,因而也势必侵害炮局的利益。炮局龚氏父子本来就得浙江巡抚黄宗汉的欣赏,他们为维护自己的商业利益,肯定会利用自己多年在官场中建立起来的影响,大肆挑剔买洋枪洋炮的弊端,攻击自己的军火生意,反对浙江购买洋炮洋枪。如此一来,必然会对胡雪岩的军火生意产生极坏的影响,不仅洋炮买不成,恐怕以后连洋枪也买不成了。

胡雪岩取枪舍炮的做法,缩小了自己的市场,实际上他却是为了开辟另一个洋枪市场而作出的必要让步。在洋枪这一新市场上,他不会遭到同行的妒忌和反对,也没有人与他竞争,从而营造出良好的经营空间,赢得更大的利润。正所谓"不与人争,天下没人与之争。"

在美国,有许多高速公路都从荒无人烟的沙漠中穿过。如果发生汽车抛锚、油被耗尽等状况,司机只能在沙漠中苦苦等待其他车辆经过,载自己一程。目睹这种状况,一个叫格林的人在一条高速公路旁投资修建了一家小型加油站,提供加油、修车等服务。由于沿途只有这一家,格林的生意自然十分兴隆。

邻居汉克见状,非常眼红,他跃跃欲试,准备在格林的加油站旁再开一家,希望也能大赚一笔。可是他父亲却极力劝阻,并建议他改开一家小旅馆,也许更能获利。父亲解释说:"格林的加油站已经能满足过往车辆的需要了。你与其模仿他再开一个,无疑是展开恶性竞争。而开家小旅馆,则是和他互利,并会开发出另一个新市场。"

汉克听后,觉得父亲所言极是。于是,在这条沙漠中的高速公路旁,司机们可以去格林的加油站为车加油,同时,也能到汉克的小旅馆吃饭、洗澡,甚至住上一晚，十分方便。格林和汉克的生意越做越兴隆。

千军万马过独木桥，常常会挤得人仰马翻。其实做人也好，做生意也罢，要以和为贵，如果都去挤那座狭窄的独木桥，太拥挤的结果，就是有人从桥上掉下来，有可能从此站不起来。争的结果只能是两败俱伤，双方都元气大伤，谁也不可能赚到更多的钱。

条条大路通罗马，当我们面对难解开的局面时，要学会突破定式、打破常规的思考方式，在生活的其他方面，也可以出其不意、独辟蹊径地解决问题。

没有机会，向别人“借”一次机会

看准机会之后，我们完全可以通过借债或者贷款获得启动资金。它不是那种从少到多慢慢积累的被动等待方式，而是充满积极主动的精神。因此，它也是体现一个经营者才干、眼光、智慧的一个重要方面。

在许多人坐等机会的时候，有些目光敏锐、头脑灵活的先行者，已经通过合理的运筹，借助别人的力量，完成了自己事业的积累。

我们应该相信“成事在人”，也就是根据自己面对的实际情况，灵活选择的对策，不失时机地开创自己的事业。

第一笔生丝生意交割之后，胡雪岩立即着手要开药店、典当行，这时，他其实仍然没有足够的资金。因为这笔生丝生意做下来，表面上赚了十八万两白银，但算下账来，该付的付出去之后，不仅分文不剩，其实还拉下了近一万两银子的亏空。在没有资金的情况下，他却又要上两个大“项目”，不能不让人惊讶，就连十分佩服他的尤五、古应春也提出疑问，认为他现有的钱庄、生丝就是两桩要大本钱的生意，哪里还有余力去开药店、典当行？

胡雪岩有自己的打算。胡雪岩的打算是凭他的信誉、本领，因人成事。阜康的进一步发展，有已经结成牢固的生意伙伴关系的庞二支持，做生丝生意，仍然由大家集股，药店可以打官府的主意，而典当业，他则看中了苏州潘叔雅那班富家公子。

胡雪岩在苏州时结识了当地富家公子潘叔雅、吴季重、陆芝香等人，当时正是太平军大举进攻苏、浙之时，苏州地面极不平静，一方面官军打仗，保民不足却骚扰有余，另一方面太平军也步步逼近，因此这帮富家公子都有心避难到上海，他们在苏州的房屋、田产自然是不能带到上海去的，但他们却有大量的现银。他们知道胡雪岩是钱庄老板，因而想借胡雪岩的钱庄，把这些现银带到上海用出去。

这笔现银一共有二十多万两。

胡雪岩当场就为这些阔少将这二十多万两现银如何使用做了筹划，他建议将这些银钱存入钱庄，一半作为长期存款，以求生息，一半作为活期存款，用来经商，存款的钱庄以及生意的筹划，都由胡雪岩一力承当，总的原则是动息不动本，以达到细水长流的目的。胡雪岩等于给自己又吸纳了一笔可以长期运用的资金。

胡雪岩精心筹划，为这班公子们置办了足以安身立命的产业之后，就可以安安心心地用他们吃息的款子开创自己的事业。按当时的情况，有五万两白银作本，就可以开一家不大不小的当铺，有这二十多万两白银，能开好几家当铺。

于是，胡雪岩的典当业，也就这样开办起来了。

胡雪岩曾说他自己就知道“铜钱眼里翻跟斗”，这“因人成事”，大约也应该算作“跟斗”的一种“翻”法。它不是那种从少到多慢慢积累的被动等待方式，而是充满积极主动的精神。因此，它也是体现一个经营者才干、眼光、智慧的一个重要方面。

张清做了两个小生意，攒了点积蓄，可是把原来的三间平房翻造成楼房后，积蓄就花完了。这时他已不再满足于街头的小打小闹了，他想办一个公司，或开一家工厂，他把自己的打算告诉了许多朋友。一天，有位朋友专程来告诉他一个信息，本地的盛源商业信托公司属下有一家游乐厅，内有大型游戏机、碰碰车、酒吧等资产,价值400万元,现因管理不善,营利甚微,而信托公司想转向投资开办有高额利润的保险公司,因此准备把这家游乐厅卖掉。张清得到消息后感觉到这是一个难得的机会,就立即前去洽谈,以380万元的价格成交。合同订下后允许一年内分三期付清款项。第一次先要付220万元。“天哪!这么多钱到哪儿去借。”张清的妻子听了大叫起来,因为她清楚,自家的全部财产,包括房子算在内也不过十几万而已,这220万元简直是个天文数字。可张清却沉着地说:“有办法!”

张清找了一家关系较好的银行,他用买下的游乐厅为抵押品,贷到220万元资金。对这家银行来讲,有价值380万元的财产作抵押,又能得到220万元业务的贷款利息,也是一桩好生意,所以很顺利地就把款贷给了张清。

张清贷款买下游乐厅后,由于经营得法,夫妻两个勤勤恳恳,吃苦耐劳,精打细算,游乐厅办得很兴隆。两年后,他付清了全部欠款。又过了两年,他成了百万富翁。

有些人的思想瓶颈是:做什么事情应该先积存了足够的资金,然后才可以起步。这种思想看起来很稳妥,其实最容易坐失良机。机会不是天上的雨点儿,会均匀地洒在每个人头上,实际上机会就像从半空落下来的一个篮球,跳得高的人会先抢到它,不主动出手的人到终场也一无所得。

事在人为，动脑子总会找出办法

做事要有章程，能随机而变，这要求我们越到危急关头，越要沉着冷静。拨开迷雾看本质，准确地看到事情的关键，从而把不能做的事情变为可能。

古人云："识时务者为俊杰。"作为一个成功者，一定要看清形势，随机应变，在不断发展变化的态势中寻找自己的立足点。

胡雪岩遇事思路开阔，头脑灵活，不墨守成规，而是拨开迷雾看本质，能够准确地看到事情的关键，从而把不能做的事情变为可能。

当年王有龄在胡雪岩的帮助下，上京城求官成功后，不多久就谋到了浙江海运局坐办的实缺。王有龄上任后，漕米已改为海运，由浙江运到上海，再由上海运往京城。漕米是上交的"公粮"，每年都必须按时足额运到京城。所以，能不能及时完成这桩公事，不仅关系到王有龄的官场前途，甚至事关生死大事。如果按常规办，这桩公事几乎就无法完成。因为往年运送漕米，走的是河道，这是漕帮赖以为生的饭碗，如今动了他们的根本利益，他们定要千方百计地阻挠。而且那时太平军已经占领了江南大部分地区，兵荒马乱，运粮的船只，不一定在什么地方就会出些闪失。

在王有龄一筹莫展之际，胡雪岩出了一个绝妙的主意。他认为，朝廷要米，看的是结果，并不管你的米是哪里来的。只要王有龄能按时在上海将漕米足额上交朝廷，也就完成了任务。既然如此，浙江地区就可以在上海当地买米，差多少就买多少。这样省去了漕运的麻烦，问题也就算解决了。

在我们办事的过程中，人们往往会受到思维定式的束缚。这就像一个人站在河边过不去，他通常只考虑怎么涉水过去，坐船或从旁边的那座独木桥上走过去也是一种很好的选择。事实上，他完全可以换一种思维方式，那就是：我的目的地是哪里，我现在走的路，是不是到达终点的最短的距离？当我们真正能够用自己的头脑做事时，就算找到了灵活机变的门径。

清朝咸丰年间，太平天国运动发展到江南各省，占领了浙江省城杭州，巡抚王有龄以身殉职。胡雪岩因出城筹粮未归只身得免，逃至上海。胡雪岩的主要生意如最大的钱庄、当铺、胡庆余堂药店都在杭州，杭州被太平军占领，等于胡雪岩将会变得一无所有，经济损失惨重。不仅如此，胡雪岩的老母和妻儿依然留在失陷的杭州城内。同时还失去官场中王有龄这座靠山，几乎被逼入绝境。由于胡雪岩平日里有王有龄关照，白手起家做起生意却红红火火，很是遭人妒忌。如今战乱之中，他的靠山王有龄已死，顿时谣言四起。胡雪岩筹粮救杭州未能成功，即使不被朝廷治罪，胡雪岩也不能顺利返回杭州。

胡雪岩面对这一变故并不惊慌失措。而是冷静地思考如今的形势，把有利的因素找出来。因谣言四起，胡雪岩决定暂时不回杭州，避免与这些人正面交锋，坏自己的名声。胡雪岩特意走门路请人写了一纸公文，以他“浙江候补道兼团练局委员”的身份，上书闽浙总督。公文里这样陈述：“我因为人在上海，不能回杭州，已经派人跟某某人、某某人取得联系，请他们竭尽全力地保护地方百姓，并且暗中布置，以便官军一到，可以相机策应。这批人都是地方公正士绅，秉心忠义，目前身陷城中，实属万般无奈，不由自主，将来收复杭州，不但不能论他们在长毛那里干过什么职司，而且要大大地奖励他们。”

胡雪岩派人将公文副本带到杭州城，交给“地方士绅”。胡雪岩的这封公文可说是将不利转化为有利极高明的一招，进可以攻，退可以守。既保护了家人，又借用官场势力保护了自己，达到自己打破谣言的预期目的。

做事要有章程，能随机而变，就要求我们越到危急关头，越要沉着冷静。全面分析所有的不利因素和有利因素，一方面最大限度地利用一切可以利用的有利因素，使有利因素的效力得以全面发挥，另一方面则要不放过任何一个机会，因势利导，这才能够在困窘中甚至陷入绝境时，沉着应对。化不利因素为有利因素，由被动变主动，由此找出反败为胜的机会。

第十二章

有担当:“圆世”为要义,果敢为方针

一个人要想通向大成,必须有不可想象的“忍”功,能够在最苦的时候想到最甜的东西。

——胡雪岩

要成大事,心理素质要过硬。在风云际会之时,要敢想敢做,不放过一切机会。即使遇到任何重大的波折事故,也都要沉得住气,要有赢得起也输得起的心态。怨天尤人解决不了问题,知道现在该做什么,怎么做,这才是至关重要的。

非人才不用，用人就放开手

一个善于用人的人，不仅不会轻易怀疑别人，而且能以巧妙地处理，显示自己用人不疑的气度，消除可能产生的离心力，使得“疑人”不自疑。

天下不是一个人打的，事业也不是一个人做的。一个有政治谋略的人，对于自己选定的人才，会给他一个平台让其大展身手，决不会因为一些枝节问题来干扰他的行动。上面放手放权，下面放心放胆，这样才能形成良好的互动，把每个人的能力都最大限度地发挥出来。

俗话说：用人不疑，疑人不用。一个善于用人的人，不仅不会轻易怀疑别人，而且能以巧妙地处理，显示自己用人不疑的气度，消除可能产生的离心力，使得“疑人”不自疑。

有一年，胡庆余堂负责进货的“阿二”不畏路途遥远，到东北采购大批药材。当他历尽旅途艰辛回到杭州后，药号“阿大”见采购的人参质量不如往年，价格却比往年高出许多，就埋怨阿二不会办事。阿二以质次价高是因为边境有战事，人参生产受到影响为由而据理力争，两个人找胡雪岩去评理。胡雪岩了解情况后，留他们吃饭。酒席上，胡雪岩特意向阿二敬酒，感谢他万里奔波不辞辛苦，在货源短缺的困难时期为胡庆余堂采购到大量紧俏药品。胡雪岩的这些话打动了阿大的心，他也向阿二举杯敬酒，两个人的矛盾在敬酒中化解了。胡雪岩告诉他们以后凡采购的价格、数量和质量，就由阿二负责。任命阿二为“进货阿大”。从此，胡庆余堂便有了两个“阿大”，两位阿大各司其职，把生意做得更红火了。

商场如战场，竞争激烈，危机四伏，机遇稍纵即逝。要抓住机遇，就要运用丰富的知识和经验，敏锐地判断，果断地决策，迅速地行动，以高效率的工作占领生意场上的有利山头。但这种高效率的取得，并非易事，除去才识眼光的因素，还存在心理素质的问题。就老板而言，要冒蚀本破产的风险；对伙计来说，不能不看老板的脸色、考虑老板的愿望来行事。老板、伙计各有顾虑，这是一般的常情。但如此一来便会放不开手脚，也容易失去许多很好的机会。所以，作为老板，就要给予下属充分的授权，让他们能独立发挥自己的能力。

胡雪岩与众不同，他敢于开拓，敢于出奇招，做常人不敢想、不敢做的生意。然而光有他一个人的高效率是不行的。他还必须带出一批人，这批人的工作要能与他的作风相适应，能在生意场上摸爬滚打、独当一面，具有独立判断和决策的能力，并能迅速付诸行动。

在阜康钱庄开办之初，当胡雪岩认定自己延聘的钱庄档手刘庆生可以料理生意事务之后，就几乎是完全放手让他去做。刘庆生果断认销二万“官票”就是一例。“官票”是朝廷新发行的纸钞，目的是购粮征饷。“官票”的发行可能造成通货膨胀、使自身贬值。但朝廷、衙门强行向杭州各钱庄派销价值二十五万两银子的官票。三十三家小同行、包括阜康在内的九家大同行在一起议论此事，各钱庄纷纷推诿叫苦。而刘庆生此前已与胡雪岩谈过关于官票的事情，胡雪岩没有明确表态，但告诉了他自己做生意的一个宗旨，即只要能帮朝廷的忙，即使赔本买卖也做。有这一个宗旨，刘庆生也就放开了，首先主动为阜康钱庄认销值二万两的官票。这一行动，使阜康这块招牌，在官厅、在同行中，立刻就很响亮了。胡雪岩得知此事也极为高兴，觉得自己完全可以将钱庄的生意交给刘庆生了。这就是他用人不疑的结果。

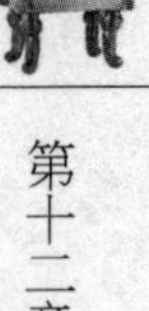

不仅如此，至于生丝外销的生意，他也差不多将找买主、谈价钱、签协约等一揽子事务都交给了古应春，而自己则把精力投入到刚刚开始的军火生意上。

胡雪岩作为一名在市场的风险与竞争中谋求发展的商人，他需要人才，也离不开人才的使用。事实上，胡雪岩特别善于调动自己手下人的积极性，尽可能让他们发挥自己的能量。用他自己的话说，他在用人上，确实有许多奇计，而这“奇计”之一，就是对下属给予充分的信任，放手使用。

做到用人以信、用人不疑并不是那么容易的，除了能运用自己的权力给人创造发挥才干的条件外，还要能在流言如矢的情况下，信人不疑；并且在遇到困境时，能与下属同甘共苦，并不只是以消极的态度等待其发挥才干、创造佳绩，而是以积极的态度参与其中，增强其信心，扶助其毅力。因此，这种用人以信的品德，同时也体现为宽广的胸怀、临难不苟的气度、高瞻远瞩的眼光。

危机到来时，不能乱了方寸

越是艰难的时候，越是要注意，不能将自己的弱点暴露给对手。如果自己先沉不住气，对手就可能乘虚而入，打得你从此翻不了身。

人有喜怒哀乐，七情六欲，也是很自然的现象。但是作为一个成熟的人，尤其是有理想、有抱负，以担当大事为己任的人，就应当有意识地锻炼自己，控制自己的情绪，当好事临头时，不要太轻狂；遇到危险和麻烦时，也不要惊慌失措，以至于弄出更大的窟窿。

在胡雪岩晚年的时候，他的支柱产业钱庄出现了大麻烦，事情十分危急。一方面是因为国际国内形势的影响，很多地方都发生了挤兑风潮。另一方面，是因为胡雪岩请的管理人宓本常偷挪钱庄的资金做生意，谁知一场风暴，他运货的船队全军覆没，捅了一个大漏洞。内外交困之中，胡雪岩依然面不改色地到店里巡查，询问伙计们的生活细节。

后来宓本常在阜康彻底陷入谷底之后自杀身亡，在胡雪岩看来实在是“犯不着”——这时候他其实已经原谅了他的过失和不义。他特别嘱咐古应春料理宓本常的后事，虽然宓本常确实不厚道，但朋友一场，他的后事也不能不管。即使是往年冬日里施粥、施棉衣等善举，今年也照常进行。胡雪岩觉得发了财就应该做好事，就好比每天吃饭，例行公事，应该的，至于个人的成败荣辱，那则可以另外想办法。在困境之中，胡雪岩曾经豪迈地说过：“我是一双空手起来的，到头来仍旧一双空手，不输啥！不仅不输，吃过、用过、

阔过，都是赚头。只要我还有一口气在，我照样一双空手再翻过来。”这就是能担大事的豪迈。

就在胡雪岩想要保住杭州阜康信誉，以图再战的时候，又传来宁波通裕、通泉两家钱庄同时倒闭的消息。胡雪岩决定放弃维持通裕、通泉这些已经是可维持又难以维持的商号，而投入全部力量保证目前还可以正常营运的杭州阜康钱庄，也就是竭尽全力“保住还没有裂开的地方”。通过他的多方运筹，终于把损失控制在最小的范围，既没让一向支持钱庄的杭州百姓吃亏，也没影响当地的财政运转。

胡雪岩认为，处在危急关头，就如一个人在舞台上顶着一个石臼做戏，对于做戏的人来说，石臼压在头上，既是负担，又是弱点，但越是如此，越要尽力把戏做好。如果能够做得让台底下的观众看不出自己头上顶了一个石臼，戏就可以做下去，能够维持到换幕转场，那就不要紧了。

这个“顶着石臼做戏”的比喻，其精义就在于，越是艰难的时候，越是要注意，不能将自己的弱点暴露给自己的对手。这也正如战场用兵，危急关头，大兵压境，自己清楚地知道自己一方守备空虚而弱点太多，但这些弱点只有自己知道，这时如果能镇静，不使对手知道自己的弱点，不让对方摸透自己的虚实，问题也就还有化险为夷的希望。如果自己先就气馁起来，甚至一不留神将自己的弱点暴露给对手，那就无异在加速自己失败的进程了。

商场上没有常胜将军。任何一个驰骋商场的人，都要做好输的心理准备，都要有赢得起也输得起的心态。遇事要能沉住气，不能乱了分寸，要泰然处之。其实任何事都有因果关系，没有曾经的原因就不能出现此时的结果。胡雪岩就是一个遇事不惊很能沉得住气的人。当他的生意一败涂地的时候，他知道事业不是他一个人创下的，出现现在的局面，当然也不是他一个人的过失，这个时候如果不能自拔，不仅于事无补，甚至更加坏事。他告诉自己，不必怨任何人，甚至连自己都不必怨，只想现在该做什么，怎么做，这才是至关重要的。事实上，他由自己沉得住气而来的冷静，使他在危机到来的时候采取的措施和手段，大体都还是有效的。

“得而不喜，失而不忧，知分之无常也。”得到了荣宠财富不必狂喜狂欢，失去了也不必耿耿于怀、忧愁哀伤，这里面有一个哲理，即得与失的界限不会永远不变。一切功名利禄都不过是过眼烟云，得而失之，失而复得这种情况都是经常发生的，意识到一切都可能因时空转换而发生变化，就能够把得失成败看开了，任何时候都不会乱了自己的步调。

在人生的舞台上，上台或下台都很正常。当时机成熟，轮到你上台，你就要尽情演好你所扮演的角色，要在台上尽其所能发挥你的才华，但不要沾沾自喜，目空一切，也不要自高自大，要清楚你站的可是台上，已经高出地面，如果跳得太高，就有被摔下来的危险。所以要谦和，要随时有下台的心理准备。当你下台的时候，也不要沮丧，你要心平气和，要看得开，要有一颗平常心。既然是舞台，不可能有人永远留在台上，对于任何人，机会永远都在。

一味回避风险就是回避成功

想做一番事业，不但在于“看准了就去做”，更重要的是要“看得准”。对于有心机、有胆量的人，往往能在别人视为畏途的地方，找到自己的立足点。

那些赤手空拳打天下，并最终确立了自己成功地位的人，大都是一些敢作敢为的冒险者。人生要想取得成功，必须有胆量。胆子有多大，路子有多宽。

当然，胆量只是创造价值的条件之一，和“胆量”相匹配的是“识见”，也就是说，要想做一番事业，不但在于“看准了就去做”，更重要的是要“看得准”。对于有心机、有胆量的人，往往能在别人视为畏途的地方，找到自己的立足点。

这一年，王有龄要去湖州府上任。启程那天，胡雪岩和一帮朋友，定了五艘大官船，满载礼物，带着陪唱戏子，在船上开桌摆酒，风风光光，给王有龄送行。船行至湖州境内，两岸的桑林引起了胡雪岩浓厚的兴趣。他仔细观看河边，见桑林连绵，无边无际，如此广大的桑林地带，一定是养蚕的好地方。胡雪岩怦然心动，经过询问，得知湖州丝质量上乘，畅销海内，连上海外国洋行的丝厂，也要到湖州采购生丝。

说者无意，听者有心，胡雪岩当即就决定着手做生丝生意。

当王有龄在湖州府衙大堂坐定时，胡雪岩的丝行也在湖州城开张了。他原以为凭借知府大人的权势，湖州百姓自会源源不断将生丝送到丝行。

可是几个月下来，自己却无丝可收。于是派了一个贴心伙计四处打听其中的原委，小伙计满载而归，告诉胡雪岩湖州的丝行，统归"顺生堂"调遣。"顺生堂"虽是民间会社，势力却非同一般。

顺生堂在湖州的主要财源，乃是垄断生丝收购。湖州盛产生丝，每到收丝季节，顺生堂派出人员，保护商道安全，维护丝行秩序。丝行同业按一定比例缴纳保护费，大家相安无事，各不侵犯。胡雪岩贸然开设丝行，触犯了顺生堂的利益。顺生堂慑于知府权势，并不公开同他作对，暗地里却传令养蚕人家，不得卖丝给胡雪岩。顺生堂的命令，在湖州百姓心目中有如圣旨，违抗不得。若有违反，便是违犯了洪门家法，轻则棍打、挂铁牌，重则活埋。

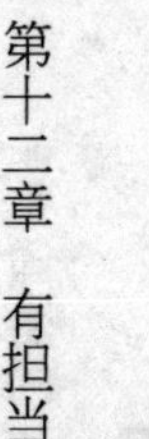

顺生堂堂主尹大麻子，是湖州洪门的首领。他好勇斗狠，武艺不凡，性情暴烈倔强。有一次，因官府捉拿顺生堂弟子，尹大麻子挺身而出，力保弟子无罪。他用刀尖从两颊剜起，一共剜下十五块蚕豆大小的肉块，鲜血淋漓，知府大惊失色，只得放了洪门弟子。对于这种人，胡雪岩身边的人都感到很棘手，有人劝他反正可做的生意很多，湖州的生丝生意，即使放弃了也没什么大不了。胡雪岩却不这么认为，他认为人有性格不要紧，只要不是鼠目寸光，就没有说不通的理儿。

胡雪岩亲自来到顺生堂见到尹大麻子，按帮规对了暗语，说明来意，尹大麻子带领胡雪岩来到香堂，胡雪岩从容地对答尹大麻子提出的各种问题。胡雪岩开诚布公，胸怀坦荡，并非刺探。他向尹大麻子建议：我们一块儿合作，共同对付外洋。把洋人挤出湖州地面，垄断生丝收购。既保护了商人的利益，又保护了桑农的利益。胡雪岩对局势的分析，以及他做事的眼光和手腕，使尹大麻子如遇知音，愿意携手垄断生丝市场。

胡雪岩正是凭借自己的胆识、真诚才获得了尹大麻子的认可。而且在以后的许多年里，顺生堂成了胡雪岩打击洋商、垄断丝行的有力助手。

敢于冒险,并不是一意孤行,而是经过缜密的思考,并制定相应的计划。人生就是把你所计划的事情付诸实施的一系列过程。没有人在未做一件事之前就知道它的结果,如果你经过了冷静的思考,认为值得去做,那么就不要犹豫,果断作出决定,有风险才有成功的机会。

冒险不是由着性子蛮干,不是闭着眼睛撞大运。是尽量用智力和经验去闯,而不是用运气和贪欲做事。在冒险过程中,无时不充斥着利弊得失的分析和判断。就像一个技术高超的舵手,有时尽管风浪很大,但总是紧握手中的舵,努力地辨别方向。正是凭着这股精神,才闯过了一个又一个的险滩。

越是非常时期,越要讲究信义

在一般情况下,人们基本上都能恪守信义,因为谁也不想背着个“不守信”的名声,而被排斥在主流社会之外。但是,如果面对巨大的诱惑或考验的时候,就不是人人都能把持得住了。其实,在非常时期的信誉里,往往隐藏着非常的机会。

作为一个社会人,我们都知道信义的重要性,平日做事,基本上也是说到做到,不打折扣。可是,在一些非常时刻,比如在重大压力或者极度的诱惑之下,就不是人人都能把持得住了。

而只有非常人,才能做出非常之事,从而获得非常的成就。

朝廷与太平军打仗的时候,有一天,胡雪岩的阜康钱庄忽然来了一个绿营军官,他随身带来一个破烂麻袋,里面装满大大小小的银锭子。他自报名姓叫罗尚德,四川人,这些银子是他历年的积攒,因队伍要到别的地方去打仗,听说胡雪岩为人够朋友,现在要把这些积蓄全部存入阜康。

罗尚德在老家时,是一个赌徒,定下婚约不提婚期,却因为好赌,前后用去岳丈家一万五千两银子,最后岳丈家提出只要罗尚德同意退婚,宁可不要这一万五千两银子。这一下刺激了罗尚德,他不仅同意退婚,并发誓做牛做马也要还上这一万五千两银子。罗尚德后来投军,辛辛苦苦十三年熬到六品武官的位置,自己省吃俭用,积蓄了这一万二千两银子,如今已经接到命令要到江苏与太平军打仗,没有亲眷相托,因而拿来存入阜康钱庄。他来存钱,既不要利息,也不要存折,一是因为相信阜康钱庄的信誉,他的同乡刘二

经常在他面前提起胡雪岩，而且只要一提起来就赞不绝口；二来也是因为自己要上战场，生死未卜，存折带在身上也是一个麻烦。

得知这一情况，胡雪岩当即决定，第一，虽然对方不要利息，自己也仍然以三年定期存款的利息照算，三年之后来取。第二，虽然对方不要存折，也仍然要立一个存折，交由阜康的掌柜刘庆生代管。

罗尚德后来果然在战场上阵亡了。阵亡之前，他委托两位同乡将自己在阜康的存款提出，转送老家的亲戚。罗尚德的两位同乡没有任何凭据就来到阜康钱庄，办理这笔存款的转移手续，原以为会遇到一些刁难或麻烦，甚至恐怕阜康会就此赖掉这笔账，不想阜康除为了证实他们确是罗尚德的同乡，让他们请刘二出面做个证明之外，没费一点周折，就为他们办了手续，这笔存款不仅全数照付，而且还照算了利息。

这就是重信用、重信义。其实，当时罗尚德手上没有任何凭据，后来到阜康帮助罗尚德来办理这笔存款取兑手续的人，也同阜康没有一点关系，倘若否认这笔存款，当然是别无人证。这样做虽然确实非常不义，但事实上，在商场上也并不是没有。阜康却不肯这样做。

我们知道，商务运作中买卖双方的关系，就是一种交换关系。这种交换，本质上应该是一种互利互惠的自愿交换，只有以自愿为原则，以互利为目的，这种交换关系才能长期保持，也才会有生意的兴隆。俗话说，“信义通商”、“诚招天下客”，能以自己的信用招来天下客，生意也就没有不兴隆的道理。比如阜康付出了罗尚德的那笔存款，就引来了大批的存进。两个帮罗尚德办理取兑手续的同乡回到军营讲了自己在阜康的经历，使阜康的声誉一下子就在军营传开了。许多绿营官兵把自己的积蓄甘愿“长期无息”地存入阜康钱庄。

在中国古代，人们很少签合同、订契约，相互间的合作凭据就是一句诺言，所以中国人极力用道德上的强化来使这类模糊的诺言确定下来。孔子说:“言必信,行必果。”在他看来,诚实待人,不说假话、不骗人,是做人的基本准则。

三国时,蜀汉建兴九年,诸葛亮命人制造木牛流马运输军粮,再次出兵祁山,第四次攻魏。魏明帝曹睿亲自到长安指挥战斗,命令司马懿统帅诸将领,带领大军直奔祁山。面对兵多将广、来势汹汹的魏军,诸葛亮不敢轻敌,于是命令士兵占据险要地势,严阵以待。

在这紧要关头,蜀军中有八万人服役期满,已有新兵接替,老兵们都整装待发,盼望着能早点返回故乡。魏军有三十余万人马,兵力众多,连营数里。如果蜀军放走这八万名老兵,那么他们的势力就会更加单薄,取胜的希望就更加渺茫了,众将领都为此感到十分忧虑。这些整装待发的老兵也深感担心,怕盼望已久的回乡愿望不能立即实现。

不少的蜀军将领向诸葛亮进言,希望留下这八万名老兵,延期一个月,等打完这场战役再走。诸葛亮断然拒绝道:“统帅三军必须以绝对守信为本,我岂能以一时之需,而失信于军心?”停了一停,又说:“何况常年征战在外的士兵早已归心似箭,家中的父母妻儿也终日倚门而望,盼望着他们早日回家团聚。”遂下令各部,催促老兵登上归家的路程。此令一下,所有准备还乡的老兵在意外之余也欣喜异常,感激得涕泪交流,主动要求留下参加战斗。那些在队的士兵也受到极大的鼓舞,士气高昂,摩拳擦掌,准备痛歼魏军。

诸葛亮取信于士兵,宁使自己一时为难,也要对士兵、百姓讲诚信,让役满士兵还乡。因为他深知,一次欺诈行为也许会解决暂时的危机,但是这背后隐伏的祸患比危机本身更危险。

“君子一言,驷马难追”,看重“信义”二字,不肯轻易违背诺言,这样才是一个君子,才是人上之人,从而受到人们的敬重,否则就会遭到人们的鄙夷,实际上是自己堵了自己的路。

责任当前，没有退缩的道理

做人有担当，才是成大事的气概。是输是赢，光明磊落，如此，即使你输了生意，输了机会，却不会输了人格，输了形象。

在生意场上，胡雪岩信奉“赌奸赌诈不赌赖”。这是旧时流行于赌场牌桌的一句行话，它的意思是你可以运用任何手段去击败对手，只要你做得高明巧妙不被人发现，即使机巧奸诈也都可以被允许。但必须愿赌服输，下出的任何赌注都必须兑现，不得反悔。

这话用在做人上，第一要义就是为人要敢于承担责任。

上海发生挤兑风潮，阜康钱庄不得不关门停业，由此引发的后果第二天就波及杭州。杭州钱庄里所存现银仅有四十万两，如果挤兑风潮席卷而来，明显无法支撑。

此时，胡雪岩还在回杭州的船上，回到杭州至少还得两天。在杭州主事的，是他最为信任、被世人称为“螺蛳太太”的二房。螺蛳太太与得力的伙计们商量暂时关门停业，在她来说，是想能够就此先为胡雪岩保住阜康钱庄现存的几十万两现银，留作万一无可挽回时东山再起的资本。上海既已在挤兑开始之后不久就提前关门停业，说明事态已经非常严重，她不能不为胡雪岩做最坏的打算。

不过，在胡雪岩看来，无论如何，这都是对客户不守信用，是在做“拆烂污”的事情。钱庄对客户的信用，就是为客户着想，对客户的信托负责。不管在什么情况下，客户都有权向钱庄依约索回自己的存款，想通过关门停业拒绝客户提现，希望以此为自己留一条后路，就是最大的不讲信用。同时，以通行的规矩，钱庄要为客户提供一切可能提供的方便，随时满足客户的提款要求，因此，关门不做生意，本身就不地道。

胡雪岩的身份和气概，都使其没法玩以退为进、保持最后本钱的小花样，他这次下的，是通吃或通赔的大赌注。即便输了，也要输得光明磊落，不能坏了钱庄一行的规矩。

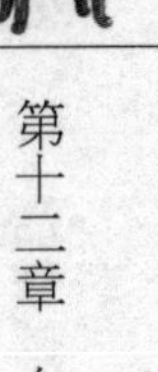

由于来自各方面的掣肘，胡雪岩最终也没能收拾得了这个残局，但是这种担当，毕竟还是一种信心和气魄的体现，如果这一关能闯过去，焉知不是一番柳暗花明的局面？

韩国现代企业集团的总经理郑周永，是世界闻名的大财阀。然而，朝鲜战争期间，正当他很快在建设行业中崭露头角，事业有了起色之时，意外的打击无情地降临到他的头上。

1953年，郑周永的现代土建社承包了一座大桥的修建工程。由于战时物价上涨，开工不到两年，工程费总额竟比承包时高出了七倍。

在这严峻的时刻，有人好心地劝阻郑周永，赶紧停止施工，以免遭受进一步损失。但郑周永另有一番想法："金钱损失事小，维护信誉事大。"

于是，郑周永鼓足勇气，毅然决定：为了保住现代土建社的信誉，宁可赔本甚至破产也要按时把工程拿下来。结果，现代土建社付出了巨大的代价，终于按时完工。

郑周永虽然吃了大亏，以致濒临破产，但以此树起了恪守信用、能担大事的形象，赢得了人们的信任，生意一个接一个地找上门来。

不久，郑周永投标承包了当时的四大建设项目：朝兴土建、大业、兴和工作所和中央产业，承建了汉江大桥的第一期工程。接着，又继续承包了汉江

大桥的第二期、第三期的工程。

光是汉江大桥这三项重大工程就前后整整承建十年的时间，它不仅使郑周永的“现代土建社”赚得了丰厚的利润，而且压倒了同行对手，一跃成为韩国建筑行业的霸主。

做人有担当，才是成大事的气概。在危机之中，是以退避保存实力，还是以惨重的代价树立形象，每个人都有选择的机会。但是“种瓜得瓜，种豆得豆”，如果一个人见好处就上，见灾祸就逃，则永远也不会扎下自己的根基。

太刚了易折，有点韧性最好

过于刚劲的个性，固然可以帮助一个人以足够的气魄去建功立业，但是在成名之后保全自己的手段上，就是稳健的作风更有用了。成功的做人方式，要懂得冲锋，更要懂得防御。

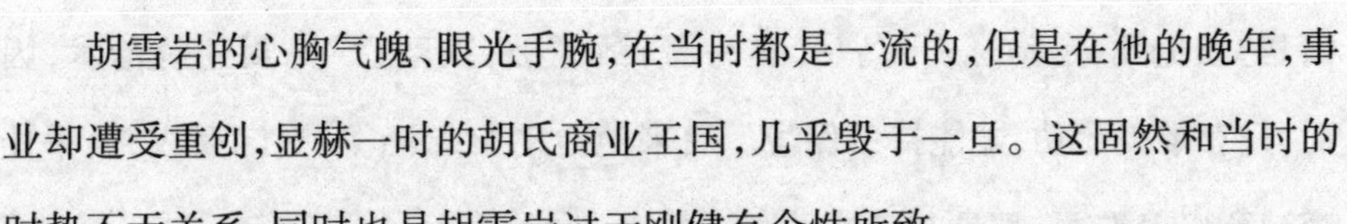

胡雪岩的心胸气魄、眼光手腕，在当时都是一流的，但是在他的晚年，事业却遭受重创，显赫一时的胡氏商业王国，几乎毁于一旦。这固然和当时的时势不无关系，同时也是胡雪岩过于刚健有个性所致。

和他同时代的晚清名臣曾国藩，同样在自己的名声地位都达到极盛之时，处理起问题来却稳健得多。

有难同当，有功独享，是做事业的大忌。曾国藩提出“有难先由己当，有功先让人享”的观点，认为“此乃事业之基”。他认为与别人分享功劳是减祸之道，是加福添寿之药方。他的弟弟曾国荃围攻金陵久攻不下，曾国藩就以此开导曾国荃：“李少荃（李鸿章）实际上有和我兄弟互相亲近、互相卫护的意思。我的意思是上奏朝廷请求准许少荃亲自带领炮队、洋枪队前来金陵城会同剿灭敌军。如果苏州李军齐到而大功告成，则老弟承受其辛劳，而少荃坐享其名。这样既可以一同接受大奖赏，又可以暗中为自己培养大福。大约单独享受大功名乃是折损福气的办法，和别人分享功名则是接受福分的途径。如果苏州李军虽然到达，而金陵守城敌军仍然像过去那样坚守，金陵还是攻不下来，则对我们的责难也可以分散一些，我们的责任也可以稍微

轻一些。昨天我已经给少荃发咨文，让他派炸炮到金陵会同剿敌。”曾国藩深谋远虑，这样的安排，进可攻退可守，的确是保全自己身家名位的最佳方案。

在这里，曾国藩并非教条地固守畏盈之心，亦非完全杞人忧天，因为他已清醒地认识到自己是清朝二百年来权势最大的汉人，一举一动都将引来众人的瞩目与猜忌。

曾国藩时常提醒自己要注意“富贵常蹈危机”这一残酷的历史教训，因为他十分清楚“日中则昃，月盈则蚀，五行生克，四序递迁，休旺乘除，天地阴阳，一定之理，况国家乎？况一省乎？况一门乎？”这种古朴的变易观。他更清楚“狡兔死，走狗烹；飞鸟尽，良弓藏；敌国破，谋臣亡”的封建统治术，因而，只有推美让功，才能持泰保盈。后来他自动解除湘军，交卸兵权，放手让李鸿章培养淮军，都是基于这种避让之道。

而胡雪岩之失利，则在于性气过刚，对当时的局势认识不足，对于危机的防御不够。

在左宗棠西征的十年间，胡雪岩借洋款、购军械、供给粮饷，种种大事一手操办。以一国之力为后盾，养成了自己在商场、官场和洋场的势力，锋芒一时无两。一些外国商人“不知朝廷，只知有胡雪岩”，一切交易，“皆以胡的签押为准”，这就等于把自己挂在了明处。他的以财敛财的生意，又最讲究实力与信誉，场面一旦摆出去，众目所视，想收拢都难了。而他在官场最大、关系也最长久的靠山左宗棠，也是个雄才大略、独断独行的人，反左的力量，很大一部分就集中在胡雪岩的身上。一些成功者在晚期，总有些刚愎自用的毛病，这一点胡雪岩也没能免俗，在来自李鸿章、盛宣怀方面的反对力量蠢蠢欲动的时候，身边的诤友一再劝诫，但毕竟没有引起他的警惕。最后，在时局、商情、政治各方面因素的夹击之下，胡雪岩事业风流云散。

胡雪岩以一生的大起大落，写成一部传奇，让后人以不同的着眼点，看出不同的是非功过来。胡雪岩是晚清的一个“奇男子”，他出身卑微，仅靠自己的一双手，就创建出“前无古人，后无来者”的商业奇迹来，许多翻云覆雨的神奇手腕，让后人至今感慨不已。“做事要学胡雪岩”，是要学他为人处世的灵活机变，智谋手腕，学其长，摒其短，朝着既能创业，又能守业的大目标稳步发展。

参考文献

[1] 常瑞峰. 曾国藩的启示[M]. 北京:中央编译出版社,2009.

[2] 曾国藩. 曾国藩智谋全书[M]. 北京:北京出版社,2007.

[3] 曾仕强. 胡雪岩的启示[M]. 西安:陕西师范大学出版社,2008.

[4] 李开复. 做最好的自己[M]. 北京:人民出版社,2005.

[5] 靳西. 卡耐基人际关系学[M]. 北京:燕山出版社,2007.